기록관리 인프라 개발

Developing Infrastructures for Records and Archives Services

하종희 역 │ 한국국가기록연구원 감수

진리탐구

● 발간사

　지금으로부터 4년 전 한국국가기록연구원이 출범하였다. 지난 시간을 회고해보면 아쉬움도 있고 또 앞으로 해야할 일도 산적해 있다. 그러나 한편으로는 나름대로의 뿌듯함을 느끼기도 한다. 시민기록문화전, 기록문화시민강좌 개설, 심포지엄, 기록문화상 제정, 한국기록학회 조직, 월례발표회, 한국기록관리학교육원 개원 등등, 모두가 우리의 기록문화 발전에 초석이 될 것임은 분명하다.

　연구원의 출범과도 무관치 않지만 우리의 기록문화에 또 하나의 이정표라고 할 수 있는 것은 기록물관리법령의 제정이다. 법령의 제정으로 이제 우리도 근대적 기록관리체제에 들어갔다고 말할 수 있게 되었다. 그러나 법령의 제정이 바로 실시로 이어지지는 않는다. 죽어 있는 법령이 얼마나 많은가. 새로운 법령이 제정되면 이에는 크고 작은 '저항과 편승'이 있기 마련이다. 새로운 기록관리법령에 대한 '저항'은 현재 법령상 존재해야할 자료관의 설치 실태만을 보아도 잘 알 수 있다. 새로운 법령에는 공공기록물은 전문가(기록관리전문요원, 아키비스트)가 관리하게 되어 있고 이들 전문가의 자격 요건도 규정되어 있다. 이에 몇 년도 안된 사이에 많은 대학에서 기록관리학 대학원과정이 신설되었다. 물론 모두가 기록관리분야 전반을 위해서는 발전적인 변화이다. 그러나 그 내실을 보면, 즉 교수, 교재, 참고도서, 실습실 등의 면에서 보면 부실하기 짝이 없는 경우도 있다. 이는 새로운 법령에 대한 '편승'이라고 할 수 있다.

　그러나 '저항과 편승'을 탓하고만 있을 수는 없다. 사실 '저항과 편승'의 가장 큰 원인은 기록관리에 대한 이해의 부족일 것이다. 이를 위해 연구원은 과감히 ICA 총서시리즈를 번역하기로 결정하였다. 단순한 번역은 아니다. 권수로도 30권이 넘는다. 양도 양이거니와 여러 사람이 나누어 번역할 수밖에 없기에 통일성을 기하기가 무척 어려우리라 예상된다. 그럼에도 불구하고 한국 기록관리학의 기초를 놓는다는 심정으로 번역을 시작하였다.

　본 총서시리즈는 국제기록관리재단(International Records Management Trust)과 ICA에서 공동으로 추진한 결과물로, 국제적으로 널리 이용될 수 있는 최선의 기록관리 업무 방식 도출을 목적으로 하였다. 또한 기록관리 전문가 외에도 체계적으로 기록학에 접근하지 못했던 사람들에게 학습모듈을 제공하려는 의도에서 만들어졌다. 이 때문에 기록관리시스템이 불충분하거나 적절한 기록관리 교재와 교육인프라가 결핍된 국가에게는 유용한 교재가 될 것이다.

기록관리 분야의 실무와 학문이 발전일로에 있는 우리나라에서도 이 교재의 보급이 시급함은 물론이다. 앞으로 이 학습교재가 공공부문의 기록관리전문가를 위해서 뿐만 아니라 민간부문에서도, 그리고 아키비스트의 업무능력과 전문성을 높이는 데에서도 널리 활용되기를 바란다.

본인은 2000년 9월, 연구원을 대표하여 스페인 세빌리아에서 개최된 ICA총회에 참석하였다. 회의 규모의 크기에도 놀랐지만 개최국의 선진적 기록관리 및 보존에도 놀랐다. 아시아에서는 유일하게 1996년 중국의 북경에서 개최되었다고 하니 중국의 문화적 깊이를 보여주는 듯하다. 한국의 서울에서 ICA총회가 열릴 기록관리 선진국을 기대하며, 본 역서가 그런 기대에 일조하기를 바라마지 않는다.

본 역서를 내면서 감사드려야 할 분들이 있다. 먼저 한국국가기록연구원의 참뜻을 이해하여 저작권에 대한 비용을 과감히 포기해준 ICA 관계자 여러분들에게 감사의 뜻을 표하고자 한다. 또 상업성을 떠나 선뜻 출판을 맡아주신 진리탐구의 조현수 사장님 및 편집부 일동에게 진심으로 감사드린다. 마지막으로 그다지 좋지 못한 조건에도 불구하고 번역을 흔쾌히 맡아주신 번역자 여러분들에게 깊은 감사를 드린다.

김학준(한국국가기록연구원 원장)

● 역자 서문

　현재, 기록관리 부문에서 행정관리의 논제를 다룬 문헌은 매우 적다. 그런 의미에서, ICA 총서시리즈 중 이 책과 『기록관리의 전략 계획(Strategic Planning for Records and Archives Services)』, 『기록관리의 인적·물적 자원(Managing Resources for Records and Archives Services)』은 지금 우리의 모습을 진단하고 미래의 나아갈 방향을 찾는데 많은 도움을 줄 수 있을 것으로 생각된다.

　이 책에서는 적절한 기반구조가 공공기관의 기록관리 체계와 업무를 규정하는 데 매우 중요하다고 강조하고 있고, 그 기반구조로서, 법률 체계, 조직 구조, 직원 구조에 관련된 원칙과 실무를 개관하고 있다. 다소 등장하는 용어가 생소할 수도 있어 독자들이 대하기는 불편할 수도 있을 것이다. 하지만, 이것은 이 부분에 취약한 사람들에게는 또 다른 도움을 줄 수 있을 것이다.

　이 책은 언뜻 보면 그 정형적인 틀로 인해 딱딱하고 지루할 거라 생각될 수도 있는 반면, 얇은 낱권으로 이루어져 있어 금방 읽어 내려갈 수 있는 손쉬운 책으로 착각하기 쉽다. 하지만, 조금만 진지하게 연습문제나 학습문제를 고민한다면, 금세 이 책의 매력에 빠져 들어갈 것이고, 그 감동은 엄청날 것이다. 아마도, 그 매력에 빠진 이들은 분명 각 모듈 나름대로, 또는 모듈 내의 구성을 볼 때, 기록관리 관계자 모두의 교과서가 되기에 손색이 없는 훌륭한 교재라는 데 감탄할 것이다.

　사실, 이곳 저곳 매끄럽지 못한 번역이 눈에 띄어 역자의 역량 부족과 아쉬움을 감출 수 없지만, 그럼에도 불구하고 기록관리 관계자뿐 아니라 이 책을 읽는 모든 이들에게 기존의 기록관리에 대한 생각이 전환되는 계기가 되었으면 하는 바람이다. 끝으로, 이 책의 번역에 도움을 주신 오항녕 선생님, 이영남 선생님께 깊이 감사드리며, 친구 김찬주, 후배 전종호에게도 고마움을 전한다.

2002년 11월 15일
하종희

차례

표

『기록관리 인프라 개발』에 관한 소개

　『기록관리 인프라 개발』[1]은 기록 및 영구기록관리자(records and archives managers)에게 기록관리 체계와 업무에 영향을 주는 행정관리상의 논점들을 소개한 3가지 모듈(module) 중의 하나이다. 나머지 모듈은『기록관리의 전략 계획(Strategic Planning for Records and Archives Services)』과『기록관리의 인적 · 물적 자원(Managing Resources for Records and Archives Services)』이다. 그 중 이 모듈은 다른 두 모듈보다 먼저 학습하는 것이 좋다.

　이 관리위주의 모듈들은 이론보다는 실무에 가깝다. 또한, 그 다양한 기술(technique)과 접근방법 뒤에 숨겨진 이론과 철학은 일반적으로 손쉽게 구할 수 있는 광범위한 관리문헌에서 보다 더 포괄적으로 다루어지고 있다. 그러나 여기서는 공공부문 기록물의 효율적, 효과적, 경제적 관리라는 전제하에 기반구조의 실제적인 틀을 제공하고자 한다.

　이 모듈은 주로 공공기관의 기록관리와 관계가 있으나, 대부분의 용어는 관리 문제에 대하여 먼저 연구를 시작한 민간부문의 용어를 사용하였다. 따라서, 이 모듈에서 사용되고 있는 중요한 용어에 대한 정의를 확인할 필요가 있다.

사명(Mission): 조직이 존재하기 위한 목적

업무(Business): 사명의 달성에 공헌하는 조직의 핵심 기능

처리과정(Process): 조직이 조직 업무의 일부분을 수행하는 방법

투입(Input): 처리과정이 작동하는 데 요구되는 자원. 처리과정을 통하여 이 자원은 하나 또는 그 이상의 산출로 변환된다.

산출(Output): 처리과정을 통하여 투입이 변환된 결과

고객(Customer): 처리과정의 산출을 필요로 하거나, 사용하거나, 또는 그 산출에서 이득을 보는 사람

---

1) ICA 공공부문기록관리 교육프로그램 번역팀에서는 records를 기록, archives를 영구(보존)기록으로 통일했으나, 특별한 구분이 필요한 경우를 제외하고는 기록물로 표현하였다.(역주)

따라서, 국립기록물관리기관(National Records and Archives Institution)의 사명은 공공기관의 기록물을 생애주기(life-cycle)에 따라 효율적으로 관리하는 것이며, 업무는 그 사명을 달성하는데 공헌하는 다양한 기능을 수행하는 것이다. 그 업무를 뒷받침하는 처리과정 중의 하나는 적절한 기록관리법의 제정이다. 처리과정 이전의 투입을 보면, 현행 관련 법률, 주변국가의 법률에 관한 정보, 기록관리전문요원이나 법률 요원의 전문지식, 입법시간이 포함된다. 산출에는 국가기록관리법과 그것을 실행하는데 필요한 규정이 포함된다. 이러한 산출로부터 이득을 얻는 고객은 정부기관, 국립기록물관리기관, 그리고 일반 국민이 될 것이다.

[연습 1]

여러분 기관의 기록관리 기능에 관하여 생각해 보라. 위의 예와는 다른 주제를 선택하여, 다음의 질문에 답하라.

기관의 사명은 무엇인가?

기관의 업무는 무엇인가?

기관의 업무 중 어떤 특별한 부분을 수행하기 위하여 수반되는 2가지 처리과정을 설명할 수 있는가?

그 처리과정을 위하여 필요한 투입은 무엇인가?

그 처리과정의 산출은 무엇인가?

조직의 고객은 누구인가?

이 모듈 전반에 사용되는 다른 중요 용어에는 효율성, 경제성, 유효성, 비용-효과성 등이 있다.

유효성(Effectiveness): 특수한 산출을 생산하기 위한 처리과정의 능력 측정

효율성(Efficiency): 동일한 투입으로부터 더 많은 산출을 생산하기 위한 처리과정의 능력 측정

경제성(Economy): 감소된 투입으로부터 동일한 산출을 생산하기 위한 처리과정의 능력 측정

비용 - 효과성(Cost-effectiveness): 효율성, 경제성, 유효성 사이의 최적의 균형. 또한, 비용에 대한 가치

공공부문 기록관리 교육프로그램(MPSR, 『ICA 총서』)의 핵심 모듈들은 생애주기에 의거한 기록관리의 전문적인 측면들을 다루고 있다. 그 중에서, 이 모듈은 기록 및 영구기록관리자들이 본질적인 기록관리 업무수행에 필요한 규정적인 틀(regulatory framework)을 구축·유지하기 위하여 추가 지식과 숙련도를 갖추도록 하는 데 초점을 두고 있다.

물론, 이 모듈은 관리자가 아니어도 학습할 수 있다. 그러나 학습하는 동안 관리상의 요구를 다루는 예시와 연습문제를 발견할 것이다. 독자가 관리직에 있지 않다면, 여기에서 소개된 몇 가지 개념들을 조사하기 위하여 관리자로 업무를 수행하고 있는 동료들과 의견을 교환하거나 가정적 상황을 그려보면서 연습문제를 해결해야 할 것이다. 이 3가지 모듈에서 '관리자'라는 용어는 다양한 관리 결정의 책임자를 지칭할 때 사용된다. 그러나 이 모듈들에 나오는 정보는 독자가 실제 '관리자'가 아니어도 가치 있을 것이다. 따라서, 여러분은 이 3가지 모듈을 학습하는 동안 실제 지위에 상관없이, 자신을 '관리자'라고 생각하며, 충분하고 완전하게 관리상의 문제들에 대하여 살펴보아야 한다.

이 모듈들은 공공부문의 논점, 즉 국가 정부의 활동에 초점이 맞추어져 있지만, 대부분의 정보는 민간부문의 기관에도 적용할 수 있다.

『기록관리 인프라 개발』은 5과로 구성되어 있다.

> 제1과 : 기록관리 기반구조
> 제2과 : 기록관리법
> 제3과 : 조직 구조
> 제4과 : 직원 구조
> 제5과 : 다음에는 무엇을 할 것인가?

제2과는 편람 『기록관리법의 모델(A Model Records and Archives Law)』과 함께 학습해야 한다. 제4과도 편람 『기록관리직의 업무체계 모델(A Model Scheme of Service for Records and Archives Class)』과 함께 학습해야 한다.

목표와 성과

목 표

이 모듈은 5가지 기본 목표를 가지고 있다.

1. 공공부문의 기록관리체계 및 업무에 대해 강력한 지시(적절한 규제구조를 통하여)를 제시하는 것이 매우 중요함을 강조한다.
2. 생애주기에 따라 공공부문 기록물을 관리하도록 하는 법률체계의 원칙과 실무를 개관한다.
3. 생애주기에 따라 공공부문 기록물을 관리하도록 하는 조직체계의 원칙과 실무를 개관한다.
4. 생애주기에 따라 공공부문 기록물을 관리하도록 하는 직원구조의 원칙과 실무를 개관한다.
5. 관리분야의 주제를 다룬 추가 정보의 출처를 개관한다.

성 과

이 모듈을 끝내면, 다음과 같은 것이 가능해진다.

1. 생애주기에 따라 기록물을 효율적으로 관리할 규정(적절하고 일관된 체계)의 필요성을 설명할 수 있다.
2. 생애주기에 따라 기록물을 효율적으로 관리할 법률을 입안하고, 유지할 수 있다.
3. 생애주기에 따라 기록물을 효율적으로 관리할 조직 구조를 계획하고, 유지할 수 있다.
4. 생애주기에 따라 기록물을 효율적으로 관리할 기록관리직의 업무체계를 입안하고, 유지 할 수 있다.
5. 관리분야의 주제를 다룬 더 많은 정보를 어디에서 찾는지 알 수 있다.

학습 및 평가 방법

5과로 된 이 모듈은 학습하려면 약 60시간 정도 걸린다. 대략 독자들은,

    1과에 12시간
    2과에 15시간
    3과에 12시간
    4과에 15시간
    5과에 6시간을 배당하면 될 것이다.

여기에는 연습(activities) 및 학습문제(study question)를 읽고 생각하는데 필요한 시간이 포함되어 있다.

각 단원의 마지막에는, 주요 논점을 요약(summary)하여 놓았다. 제5과에는 보충자료의 출처를 제공하였다.

각 단원마다 독자들이 주어진 정보를 생각해 보는데 도움을 줄 연습문제가 포함되어 있다. 각 연습문제는 '자기평가'를 위한 것이므로, '옳고' '틀린' 답은 없다. 그보다, 연습문제는 독자들이 제시된 개념들을 탐구하고, 그것을 자신이 연구하고 일하는 환경과 연관시켜 보도록 고안된 것이다. 독자가 이 모듈을 독습한다거나, 기록물관리기관(records or archives management organisation)의 일원이 아니라면, 가능한 가정적 상황을 전제로 연습문제를 해결하도록 노력해야 한다. 연습문제에서 무엇을 써보라고 했다면, 독자는 간략히 요점만을 적어보는 것이 좋다. 이것은 채점하여 등수를 매기는 시험이 아니므로, 배운 정보를 이해하는데 필요하다고 여겨지는 정도의 시간만 들이면 된다. 각 과의 마지막에는 독자가 자신의 공부를 평가하는데 도움이 될 연습문제에 대한 조언이 있다.

각 과의 끝에 있는 요약에 이어 학습문제가 있다. 이 학습문제는 독자들이 이 모듈의 주제를 복습하는데 도움이 되도록 설계되어 있다. 등수를 매기거나 점수계산을 위한 시험이 아니므로, 독자들은 제시된 개념을 이해했다고 느낄 때까지 가능한 한 많은 문제를 풀어야 한다. 이 모듈이 평점을 매기는 교육 프로그램의 일부일 경우, 과제나 시험같은 별도의 평가를 따로 생각할 수도 있다.

보충자료

이 모듈은 독자가 문서과(records office), 자료관(records center) 및 기록관리기관(archival institution)을 이용할 수 있거나, 기록관리에 참여하고 있다고 가정한다. 독자는 다양한 연습문제를 통하여 자신의 경험을 설명하고, 그것을 각 과에서 제시한 정보와 비교해보아야 할 것이다.

독자가 그런 시설을 이용할 수 없다면, 연습문제에 대한 가상의 시나리오를 개발해야 할 것이다. 연습문제를 풀면서 독자가 반드시 고위 관리자일 필요는 없지만, 그 대안으로, 관리직에 있는 친구나 동료와 토론해 보는 것도 좋다. 그럼으로써, 독자들은 원칙 및 개념을 토론하고, 서로의 이해를 비교해 볼 수 있을 것이다.

편람

이 모듈과 연관된 2가지 훈련 편람은 『기록관리법의 모델(A Model Records and Archives Law)』과 『기록관리직의 업무체계 모델(A Model Scheme of Service for Records and Archives Class)』이다.

사례연구

다음의 사례연구는 이 모듈에 유용한 보충자료이다.

연습: 조언

연습 1

이 연습을 통하여 앞에서 소개된 용어들을 이해할 수 있다. 그 용어들은 본 모듈을 학습하는 내내 중요하다. 따라서, 여러분은 용어의 정의와 각 질문의 대답에 세심한 주의를 기울여야 한다. 가끔 앞의 용어의 정의를 참고로 그 의미를 이해하면서 자신의 기관에 연관시켜 생각해 보라.

기록관리 기반구조

제1과에서는 기록 및 영구기록관리자에게 공공기록물을 관리하기 위한 기반구조 구축의
필요성을 소개하고, 그들이 고위 관리자와 국가정부내의 결정권자들(국가개발 프로그램에서
자원을 효율적으로 이용해야 할 책임이 있는 사람들)에게 제기해야 할 논점들을 강조한다.

I. 국가발전 도구로서의 기록관리체계

국가발전의 필수요건

세계가 21세기를 향하여 나아갈수록, 근본적인 관심사를 다루고, 책무를 촉진하며, 지속
성을 보장해야 한다는 요구가 국가개발 프로그램의 실행가능성에 결정적인 역할을 하게 되
었다.

따라서, 그 개발 전략은 경제적으로 지속할 수 있어야 할 뿐 아니라, 기본적인 사회적
필요성과 부합되도록 준비해야 한다. 그리고, 엘리트만이 아닌 모든 국민들의 관심을 만족
시켜야 하고, 인간의 존엄성, 안전, 정의 및 형평을 촉진해야 한다.

만일 이 전략이 성공하려면, 정치 및 행정체계가 잘 부응해야 하고, 책임감이 있어야 한다.
또한, 정치 및 행정체계는 정부, 국가, 지역 및 지방의 모든 단계에서 효과적으로 그 기능을
발휘해야 하고, 제한된 자원 속에서 개발과정을 지속할 수 있는 행정 능력이 필요하다.

그러나, 대부분의 나라에서는 성공적 발전을 위한 기반구조가 부족하거나 결여되어 있
다. 따라서, 대민업무를 개혁하는 구조조정 프로그램에 대한 신뢰성을 높이는 일이 매우
중요하다. 구조조정 계획은 의사 결정, 개발 계획, 그리고 책임있는 정부의 지원을 받으며
시기 적절하고 신뢰할 만한 정보를 제공할 수 있는 체계가 구축되어 있을 때 효과를 발휘
할 것이다.

자원으로서의 정보

> *정보는 전략적 자원이다.*

현대 조직에서 정보는 필수 자원이다. 정보가 없다면 조직은 효과적으로 기능을 발휘할 수 없다. 따라서, 조직의 업무를 뒷받침해주는 정보를 계획, 관리, 활용하는 과정('정보관리'라고 알려진 과정)은 그 조직의 성공 또는 실패를 좌우하는 결정적인 역할을 한다.

> *정보관리란 정보자원을 계획, 관리, 활용하는 것이다.*

정보관리는 보통 컴퓨터에 의해 생산되거나, 컴퓨터에 저장된 정보와 자료에만 국한된 것으로 알려져 있다. 그러나, 그것은 사실이 아니다. 가장 효과적인 정보관리체계는 그 출처나 그것이 전산 처리되었는지에 관계없이, 조직에 유용한 모든 정보를 관리하는 것이다. 기록물은 정보의 주요 원천이므로, 좀 더 광범위한 정보관리 프로그램 안에서 데이터베이스나 간행물과 함께 관리하는 것이 중요하다.

> *정보관리의 이론과 실무는 『공공기관의 기록관리: 원칙과 체계』에서 더 자세하게 다룬다.*

증거로서의 기록

이런 맥락에서, '기록(records)'이라는 용어가 조직이나 개인이 행정 및 업무를 수행하는 과정에서 생산하거나 접수한 모든 기록정보를 포함한다는 것을 거듭 말해 둔다. 기록은 그러한 업무의 일부분을 형성하거나 증거를 제공한다. 따라서, 업무담당자나 기록물에 이해관계를 갖고 있는 그 밖의 사람들은 업무 활용 및 후세의 활용을 위하여 증거로서의 기록을 지속적으로 보존하는 것이다. 기록은 조직의 기억을 제공하고 조직의 정책과 활동을 감사(監査)할 수 있는 증거이다.

> *기록은 행정상의 업무활동에 대한 증거를 제공한다.*

문화적, 역사적 유산으로서의 영구기록

> *영구기록은 영구적으로 보존하기 위해 선별된 기록이다.*
> *국립기록보존소는 중앙정부의 영구기록을 보존하는*
> *기록보존소(archival repository) 이다.*

영속적인 가치가 있기 때문에 보존할 가치가 있는 기록물은 '영구기록(archives)'이라고 불린다. 국가 차원에서 국립기록보존소는 영구기록의 영원한 고향이다. 그러나, 기록물이 생애주기에 걸쳐 잘 관리되지 못한다면, 이 영구기록들은 국립기록보존소에 도달하지 못할 것이다. 따라서, 기록물과 기록정보의 공적 권위(authenticity)와 보안(security)이 지켜져야 하고, 쓸모없는 기록물을 절차에 따라 적시에 폐기해야 하며, 가치있는 기록은 영구기록으로 판별하여 안전하게 보존해야 한다.

기록이 영구기록이 된다고 해서 반드시 단기적인 정책적, 재정적 책임에 대한 가치를 갖지 않는 것은 아니다. 영구기록은 지속적으로 과거 활동에 대한 감사(監査)의 흔적을 보존하고, 국민의 집단적, 개인적 권리에 대한 증거기록을 제공한다. 그러나, 영구기록을 보존하는 근본적인 이유는 장기적인 사회적 책무에 대한 증거를 제공하기 위해서이고, 이것은 영구적인 역사적, 문화적 가치 때문이다.

따라서, 영구기록은 각 국가 유산의 기본 구성요소로, 집단 기억의 일부분으로, 역사의 증거로, 국가 정체성의 구현으로 인식되고 있다. 이에 영구기록의 통합성(integrity)을 유지하고 그것을 안전하게 보호·보존하여 국가, 사회 및 국민들에게 역사적 통찰력을 제공할 수 있도록 적절히 관리 계획하는 일은 시민국가의 필수적인 의무라고 할 수 있다.

[연습 2]

여러분의 나라에서 영구기록이 유산 또는 문화적 목적을 위하여 어떻게 활용되고 있는 지, 또는 어떻게 활용될 수 있는 지 3가지 예를 들어라.

기록물의 생애주기 관리

> *생애주기의 개념은 기록관리의 필수적인 원리이다.*

생애주기에 걸친 효과적인 기록관리는 대민업무 개혁에서 매우 중요하다. 기록관리가 형편없다는 것은 정부가 공정한 결정을 형성하거나 프로그램 및 업무를 전달하는데 필요한 행정적, 재정적, 법적 정보에 대한 권위있는 출처를 신속하게 이용할 준비가 되어있지 못한 것을 뜻한다. 또한 그 정부가 그동안 해왔던 것들에 스스로 책임질 수 있는 방법이나, 국민들의 권리를 유지해 주는 수단을 가지고 있지 못함을 의미한다. 마찬가지로 인력, 시설, 시간을 적절히 활용하지 못해도 귀중한 자원을 낭비하는 것이다.

게다가, 생애주기의 초기 단계에서 기록물을 잘 조직하지 않으면, 영속적 가치를 지닌 영구기록을 쉽게 확인 및 보호할 수 없게 된다.

생애주기의 원리와 밀접하게 관련된 연속성의 개념(the concept of the continuum)[2]은 기록물의 생애 전체에 걸쳐 계속되거나 반복될 4가지 활동을 제안하고 있다. 기록물의 확인, 기록물의 지적 통제, 기록물의 활용, 그리고 기록물의 물리적 통제이다. 연속성의 원리에 따르면, 기록관리(records management)와 영구기록관리(archives management)를 굳이 구분할 필요가 없다.

생애주기의 원리는 이 모듈의 여러 곳에서 언급되고 있는데, 생애주기의 관리와 연속성의 개념은 밀접하게 연관되어 있다고 볼 수 있다.

> 생애주기 및 연속성의 개념은 『공공기관의 기록관리 : 원칙과 체계』에서 다룬다.

[연습 3]

이 프로그램의 핵심 모듈에서 학습했던 정보를 토대로, 생애주기와 연속성의 개념을 설명하라. 기록은 생애주기를 따르고 기록물 관리는 연속성을 따른다는 개념이 훌륭한 기록관리에 있어 중요한 이유를 3가지 제시해 보라.

정보기술과 기록

정보기술(IT, 컴퓨터 및 그와 관련된 통신기술)의 출현이 종이 기록물뿐 아니라 그것을 관리할 목적으로 개발된 원리와 기술까지도 진부하게 만들었다고 생각할 수 있다. 그러나, 그것은 그렇지 않다.

---

2) 생애주기 초기 단계에서부터 기록물을 통제하는 기록관리 시스템의 개발로부터 영구보존기록으로서 보존·활용되기까지 기록의 일생을 통하여 일관되고 긴밀하게 결합된 기록관리의 과정을 말한다.(역주)

마찬가지로, 과거에는 각 활동들에 대한 기록물이 1차적으로 종이에 기초하였으나 현재에는 그 활동들이 전산화되고 있으므로, 모든 기록물이 단지 전자기록의 형태로만 존재할지도 모른다고 생각한다. 그러나, 최고 선진국에서조차 이러한 전산화의 과정은 완전 전산화와는 거리가 멀다. 몇몇 상업 활동만이 완전히 전산화되어 전자기록의 형태로 생산되고, 다른 업무과정들은 비용, 통합적 관리, 그리고 법적 인증과 같은 문제들로 인해 완전히 전산화되지 못했다. 이는 전자기록물과 함께 계속해서 종이 기록물이 생산되고 있음을 뜻한다.

사실, 종이 기록물은 컴퓨터 시스템을 위한 기본 문서로서나 컴퓨터 시스템의 산출로서 계속 증가해 왔으므로, 정보기술 도입의 효과는 종이없는 사무실(paperless office)이기 보다는 혼합-매체 시스템의 창출이라고 할 수 있다. 심지어, 모두 그런 것은 아니지만, 중요 결정에 대한 기록을 전자기록의 형태로 생산하고 있는 곳에서조차 조직의 기록관리 규칙과 체계와는 별도로 그것을 관리하기도 한다.

게다가, 정보기술(IT)은 전세계에 걸쳐 또는 각 나라에서 똑같이 갖추어져 있는 것은 아니다. 많은 개발도상국에서는 아직 공공부문에 컴퓨터를 대규모로 도입할 수 있는 기술적 능력, 관리 기반구조, 국내의 하드웨어 및 소프트웨어 지원시설 또는 교육받은 인력을 보유하지 못하고 있다. 또한, 과거에 컴퓨터를 도입했던 곳의 대부분은 주로 재정과 인사관리를 위한 메인프레임 체계였는데, 이제 이 체재는 쓸모없는 것이 되어가고 있어 그 체재로부터 자료를 갱신하는 일이 주요한 문제들을 야기하고 있다.

결과적으로, 종이 기록물 체계(paper-based records systems)는 수년동안 공공부문의 행정에서 불가피한 특징으로 남게 될 것이다. 따라서, 기존의 기록관리 원칙과 기술을 계속적으로 적용해야 할 것이다. 또한, 정보 과적을 피하고, 장기적인 가치가 있는 기록물을 적절하게 확인, 관리하기 위하여 전자기록물을 관리하는 데에도 같은 원칙과 기술이 적용되어야한다.

전자기록의 관리에 관련된 전문적인 문제들은 『전자기록물 관리』에서 좀 더 자세하게 다룬다.

[연습 4]

여러분 기관의 정보기술 개발 상태를 간단히 서술하라. 각 부서마다 컴퓨터를 충분히 보유하고 있는가? 단지 선택된 기관만이 전산화된 시스템을 갖추고 있는가? 정보기술 개발을 계획한 적이 있는가? 그렇다면, 어떤 토대 위에서 개발했는가? 기관은 이러한 체계에서 산출된 것을 어떻게 관리하는가?

---

2. 기록관리의 상태

기록관리 개발에 관한 지역간 회의(Tunis, 1995)를 위해서 실시한 조사에서 전세계 기록관리 개발 현황을 보면, 1982년과 1992년의 기록관리 수준을 비교하고 있다. 그 조사를 통하여 개발도상국과 산업화된 국가 모두 그 십 년 동안 기록관리의 질적 개선이 이루어졌음을 알 수 있다. 그러나, 보통 개발도상국에서의 개발 속도가 산업화된 국가에서보다 빠를 지라도, 그 기반이 매우 낮은 곳에서부터 출발했기 때문에 업무의 수준은 여전히 뒤쳐져 있다.

특히, 제한된 자원을 가진 국가의 경우, 기록관리업무와 관련하여 각별한 관심을 가져야 할 영역들을 확인할 수 있다.

- 시대에 뒤떨어지거나 불완전한 법률하에서, 심지어는 법률 자체도 없이 기록관리업무를 수행하고 있다.
- 여러 기록관리업무가 국가의 주요부서나 기관의 기록물 관리 절차에서 빠져 있다.
- 공공부문의 현용기록과 준현용기록 관리에 대하여 기록관리업무가 하는 역할이 없다.
- 기록관리에 대한 고위층의 관리 책임이 결여되어 기록관리업무의 우선순위가 낮게 잡혀있다.
- 지역 및 지방정부 기록물이 관리되지 못하거나 부적절하게 관리된다.
- 많은 국가기록관리체계들이 기대되는 모든 영역의 서비스를 제공할 자원을 가지고 있지 못하다.
- 새로운 기록관리 프로그램을 뒷받침해 줄 숙련되고 지식을 갖춘 직원이 부족하다.

기록관리의 사명

기록관리 체계와 업무의 사명은 다음과 같다.

- 기록물이 지속적인 유용성과 가치를 갖는 한, 접근하기 쉽고 알기 쉽고 활용하기 편리한 형태로 보존한다.
- 기록물의 정보가 적당한 시기에, 적당한 사람에게, 적당한 형식으로, 이용될 수 있도록 한다.

정부와 국민들이 유용하고 가치있는 기록물을 지속적으로 활용할 수 있도록 하려면, 기록관리를 단편적으로 개발하기보다는 하나의 전략적인 통일체로서 다루어야 한다.

기록관리체계의 목표

기록관리체계의 목표는 다음과 같다.

- 기록물이 기관의 업무와 책무를 뒷받침하도록 요구되는 한, 공적 권위가 있고 신뢰할 만한 기록물을 접근하기 쉽고, 알기 쉽고, 활용하기 편리한 형태로 생산·유지한다.
- 중복되는 노력을 피하고, 필요한 기록물만 생산·유지하고, 보존 및 처리를 체계화함으로써 기록관리의 효율성과 경제성을 도모한다.
- 기록물의 활용을 통해 공정한 의사 결정 촉진, 정부 계획과 업무의 효과적인 전달, 정부의 책임과 투명성 구현 및 시민의 권리를 보호한다.
- 쓸모 없는 기록물을 관리절차에 따라 적시에 안전하게 폐기한다.
- 영구적인 역사적, 문화적 가치를 지닌 영구기록을 판별한다.
- 영구기록을 기록관리기관으로 이관한다.
- 영구기록을 보존한다.
- 기록의 배경 정보(contextual information)를 보존하기 위하여 기록관리 원칙에 따라 영구기록을 정리한다.
- 정보를 얻고자 하는 사람들에게 그 내용을 알리기 위하여 영구기록을 기술한다.

사명 진술, 목표, 목적은 『기록관리의 전략계획』에서 좀 더 자세하게 다룬다.

[연습 5]

위에서 제시한 각각의 목표에 대하여, 여러분의 기관에서는 어떻게 업무를 수행하고 있는지 간단히 서술하라. 만일, 업무과정들을 개선하기 위한 조치를 취할 수 있다면, 업무를 강화하고 목표를 더 완전하게 달성할 수 있도록, 핵심 권장사항을 한 두 가지 간단히 적어보라.

---

3. 통합적 기록관리체계

보통 '기록관리(records management)'와 '영구기록관리(archives administration)'를 구분하지만,

사실 이 2가지는 같은 업무선상에서 보아야 한다. 실제로, 기록관리 개발에 성공한 경우를 보면, 기록물을 생산에서부터 폐기 또는 영구기록으로 보존하는 최종 처리에 이르기까지 연속성 안에서 기록물을 관리하는 체계를 구축해 왔다는 특징이 있다. 여기에는 기록물을 생산한 공공기관과 선별된 영구기록을 안전하게 보존하는 기록관리기관 사이에 확실한 연계를 구축함으로써 생애주기에 따라 기록물을 관리하는 것이 포함된다.

> *생애주기에 따른 기록관리의 이론 및 실무 그리고 관리 연속*
> *성의 개념은 『공공기관의 기록관리 : 원칙과 체계』에서 더 자*
> *세하게 다룬다.*

[연습 6]

본 학습프로그램의 핵심 모듈에서 배운 정보를 토대로, 자신의 언어로 통합 기록관리 프로그램의 개념이 훌륭한 기록관리에 중요한 이유를 3가지 제시하라.

통합 기록관리 프로그램의 정확한 조직 체계는 각 국가의 구조, 법적 체계 및 행정 관례에 따라 다르게 나타난다. 어떤 나라에서는 한 기관에서 기록관리(records management)와 영구기록관리(archives administration) 기능을 조직적으로 통합함으로써 연계를 이룰 수 있다. 또 어떤 나라에서는 각 생애주기에 책임이 있는 별개의 기관들 사이에 효과적인 통신·조정 라인을 구축함으로써 연계할 수 있다. 그 외에도, 정부의 모든 기록물을 단일체계로 관리하거나 또는 입법, 사법, 행정부의 기록물을 지역 및 지방정부의 기록물의 경우처럼 독립적으로 관리해야 하는 경우도 있을 수 있다.

〈표 1〉은 적절한 기록관리체계의 필수적인 역할과 책임을 모형화한 것으로, 한차원 높은 모델이라고 할 수 있다.

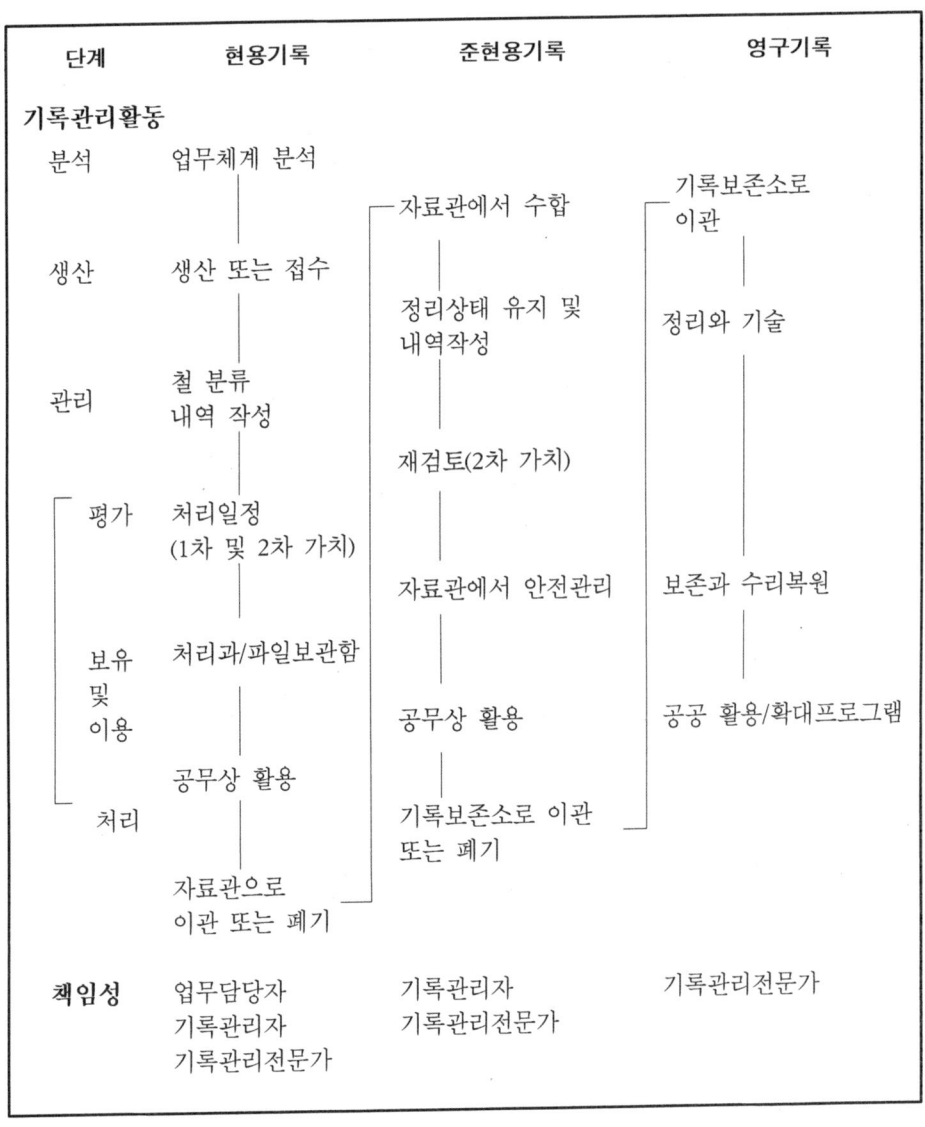

단계	현용기록	준현용기록	영구기록
기록관리활동			
분석	업무체계 분석	자료관에서 수합	기록보존소로 이관
생산	생산 또는 접수	정리상태 유지 및 내역작성	정리와 기술
관리	철 분류 내역 작성	재검토(2차 가치)	
평가	처리일정 (1차 및 2차 가치)	자료관에서 안전관리	보존과 수리복원
보유 및 이용	처리과/파일보관함	공무상 활용	공공 활용/확대프로그램
처리	공무상 활용	기록보존소로 이관 또는 폐기	
	자료관으로 이관 또는 폐기		
책임성	업무담당자 기록관리자 기록관리전문가	기록관리자 기록관리전문가	기록관리전문가

표 1 : 기록물 생애주기에 따른 관리 연속성 모델

통합적 기록관리체계 구축

통합적 기록관리체계를 구축하기 위해서는 다음과 같은 것을 수행해야 한다.

- 매체나 형식에 관계없이 생애주기에 따라 기록관리를 통제하기 위하여, 업무과정을 감독하는 한 명의 권위자를 지정하고 각 단계의 활동마다 각각 분명한 책임자를 임명하는 포괄적인 법률을 제정하고 이행하라.
- 통합 기록관리 프로그램의 유지를 보장하는 정책, 절차, 체계 및 구조를 개발하라.
- 프로그램의 우선순위를 설정할 때는 정부와 핵심 공공기관의 전략 계획 과정을 두루 살펴 장기 전략 계획을 준비하라.
- 전략 계획을 이행하고 프로그램을 지속할 수 있도록 인력, 건물, 설비 및 자금을 포함한 인적·물적 자원을 적절히 제공하고 관리하라.
- 효율성과 유효성('금전 가치')을 평가하고 필요한 경우 구조를 재조정하기 위하여, 프로그램을 점검하고 평가하라.

이 논제들은 이 모듈의 다른 과와 『기록관리의 인적·물적 자원』, 그리고 『기록관리의 전략계획』에서 더 자세하게 다룬다.

통합적 기록관리체계에 대한 책임

통합적 기록관리를 구축한다는 것은 한 나라의 현행 체계와 실무에 중대한 변화를 가져온다는 것을 의미한다. 적어도 현용, 준현용 기록을 관리하는 방법에 변화를 가져오는 새로운 작업방법을 도입하려면 신중을 기해야하고 적절한 '후원자'의 도움이 필요하다.

많은 국가에서 국립기록보존소는 문화부 장관 또는 그에 상당하는 사람이 책임져야 할 대표적인 문화기관으로 간주되고 있다. 통합 기록관리체계를 추진한다는 것은 영구기록에만 집중되어 있는 국립기록보존소를 영구기록뿐 아니라 현용, 준현용기록에도 책임을 지는 국립기록물관리기관으로 변모시키는 것이다.

이런 중대한 변화를 시도하기 위해서는, 새로운 기록관리법, 새로운 조직 구조 및 직원 구조 등 필요한 변화를 도모하고 정부차원에서 광범위하게 관리태도의 변화를 촉진할 수 있도록 막강한 후원자의 지원이 필요하다. 그렇지 못하다면, 새로운 체계와 업무 역시 이전의 것과 마찬가지로 비효율적, 비효과적으로 전락할 것이다.

기록관리에 대한 책임을 부여하는 것은 매우 중요한 문제이다. 기록물은 공공기관에서나 행정업무 전반에 걸쳐 공정한 행정을 촉진하는 결정적 요소이기 때문이다. 따라서, 공기록물에 권한을 갖는 책임자들에게 기록물을 보호할 수 있는 높은 수준의 안전보장과 최고의 권위를 부여해야 한다. 국가 기록관리체계에 대한 책임은 가장 높은 차원에서 국가를 통치하는 직책이 맡는 것이 이상적이다. 대통령 또는 국무총리가 이상적인 후원자일 수 있지만, 나라에 따라서 이는 불가능한 목표일 수도 있다. 그런 경우에는, 가령 국가개발부, 총무처, 법무부 또는 내무부의 장관과 같이 정부 내에서 타부처에 강한 영향력을 행사하는 선임 장관이 책임질 수 있다.

사실, 기록관리를 개혁하는데 중요한 사람은 장관 한사람이 아니라 적정 부처의 상급 관리가 될 수도 있다. 그러나, 국립기록물관리기관의 장은 훌륭한 기록관리 촉진을 위해 고위급 후원자를 확보하는데 앞장서야 한다.

[연습 7]

현재 여러분의 정부나 기관의 기록 및 영구기록의 관리 책임자는 누구인가? 기록 및 영구기록을 하나의 단위로 취급하는가 아니면 둘 또는 그 이상의 개별 기관이 관리하는가? 여러분의 정부나 기관의 기록관리 책임자는 누구이어야 한다고 생각하는가? 그 이유는?

요약

제1과에서는 정보의 중요성, 특히 기록물의 중요성을 강조하였다. 그 이유는 다음과 같다.

- 정부안에서 공정한 결정을 형성할 수 있게 한다.
- 정부 계획과 업무를 효과적으로 전달하여 경제성과 효율성을 촉진한다.
- 정부의 책무와 투명성을 구현하고, 국민의 권리를 보장한다.

이처럼, 통합 기록관리체계는 국가 개발 계획의 자원을 효과적이고 책임있게 활용하도록 해준다. 그러므로, 기록물 분야의 관리자들은 이를 인식하고 다음과 같은 것들이 가능해지도록 후원자를 확보하여 국가 개발 계획을 강화시켜야 한다.

- 통합 기록관리체계를 유지할 정책, 절차, 체계 및 구조를 개발한다.
- (1) 지역 및 지방정부의 기록물 (2) 전자기록물도 통합 기록관리체계에 포함시킨다.
- 통합 기록관리체계를 통제할 기록관리법을 제정·이행하고, 적절한 조직 구조 및 직원 구조를 갖춘다.
- 통합 기록관리체계를 개발·유지하기 위하여, 직원, 건물, 설비 및 자금을 포함하여 적절한 자원을 제공하고 관리한다.

학습문제

1. 발전 전략에 성공하려면, 어떤 시스템들이 반응을 하고 책임을 져야 하는가?
2. 현대 조직에서 정보가 전략적 자원인 이유는 무엇인가?
3. 정보관리란 무엇인가?
4. 기록물이 증거로서 간주되는 이유는 무엇인가?
5. 기록관리에서 생애주기 개념이란 무엇인가?
6. 영구기록이란 무엇인가?
7. 영구기록이 국가의 문화와 역사에 중요한 이유는 무엇인가?
8. 정보기술(IT)이 기록관리 방법을 변화시키는 이유를 3가지 제시하라.
9. 기록관리 업무를 수행하려고 할 때, 국가(특히, 개발도상국)가 직면하는 3가지 관심사를 말하라.
10. 기록관리체계의 근본 목적을 2가지 서술하라.
11. 기록관리체계의 목표로 세울 수 있는 4가지를 말하라.
12. 통합적 기록관리체계란 무엇인가?
13. 연속성의 개념이란 무엇인가?
14. 통합적 기록관리체계를 구축하는데 필요한 3단계를 명시하라.
15. 정부의 기록관리 책임자는 누구이어야 하는가? 그 이유는?
16. 기록관리 전략이 정부의 전반적인 전략 목표와 조화를 이루어야 하는 이유는 무엇인가?
17. 후원자로 최고 관리자를 확보해야 하는 이유는 무엇인가?

연습: 조언

연습 2

영구기록은 단순히 정부의 행정관리 영역을 넘어 한 사회의 문화에 기여한다. 영구기록은 한 사회의 기록된 기억으로, 그 사회가 추구하는 목적을 위하여 활용할 수 있고, 활용해야 한다.

연습 3

이 프로그램의 앞에서 학습했던 정보와 이 모듈에서 소개된 중요한 관리 개념을 함께 생각해야 한다. 관리 논제에 대하여 학습하기 전에 기록관리의 전문적 논제들을 충분히 이해해야 한다.

연습 4

정부나 기관에 따라 정보기술(IT)의 개발 상태는 다를 수 있다. 개발 상태에 대하여 현실적으로 이해하는 것이 중요하며, 그럴 때 합리적이고 수행 가능한 활동들을 생각할 수 있다. 그렇지 못한 경우, 공공기관은 계획되고 체계적인 방식으로 정보기술을 개발하지 못하므로, 상당한 시간과 자원을 적절치 못한 새로운 기술에 소비할 것이다.

연습 5

기관의 개발 현황을 알아야 한다. 이는 기관의 약점만 강조하려는 것이 아니므로, 계획에 따라 추진하려면, 현황을 정확하고 현실적으로 파악하는 것이 매우 중요하다.

연습 6

연습 1에서와 같이, 이 프로그램의 앞에서 학습했던 정보와 이 모듈에서 소개된 중요한 관리 개념을 함께 생각해야 한다.

연습 7

비록 학습용 연습이지만, 정부나 기관의 현황을 정확히 이해하면, 여러분의 기관을 좀 더 효율적으로 운영하기 위하여 어떻게 구조를 변화시켜야 할지를 결정하는데 중요한 도움이 될 것이다.

기록관리법

제2과에서는 생애주기에 따라 공공기록물 관리에 포괄적인 규율을 제공하게 될 국가기록물법체계의 구성요소들을 소개하고 설명한다.

기록관리법은 책임있고 효과적인 정부가 갖는 보다 광범위한 법률적 토대에 필수적인 구성요소이다. 또한 이 법은 국가의 타기관과 교섭할 때 권위를 가지고 업무수행을 할 수 있게 하는 근본적인 틀을 제공한다.

법률의 정확한 체재와 언어는 법률입안자(예를 들면, 의회법률고문)가 결정하지만, 새로운 국립기록물관리기관의 고위관리자들은 기록관리법에 포함되어야 할 올바른 전문적인 사례를 제시할 수 있어야 한다.

이 과는『기록관리법의 모델』편람과 함께 학습해야 한다.

제 5과에 제시된 간행물들도 참고하라.

[연습 8]

이 과를 학습하기 전에, 여러분의 정부에 기록물법(records or archives act), 문서처리법 (document disposal legislation) 등을 포함하여 어떤 것이든 기록관리 업무에 직접적으로 영향을 주는 기록관리법이 있는지 확인하라. 만일 이 과를 학습하면서 그 법률을 참고하고 싶다면 법률의 복사본을 입수하라.

I. 법률의 구성

기록관리법은 1차 법률과 2차 법률로 이루어진다. 1차 법률(예를 들면, 법, 시행령, 시행규칙)은 의회나 몇몇 다른 최고의 법률 권위자에 의해 제정된다. 2차 법률(예를 들면, 협정서, 규칙, 규정)은 보통 1차 법률에서 위임된 권한으로 장관이 공포한다. 그리고, 국가 및 국제 표준, 업무절차상의 지침서 및 지시서 같은 그 밖의 규범문서들이 이 법을 뒷받침할 것이다.

기록관리법에 대한 접근

국가기록관리법의 틀에 접근하는 방법은 2가지이다.

1. 1차 법률안에서 상세히 규정
2. 1차 법률에서 전반적인 틀을 구축하고, 2차 법률과 그밖의 규범문서들에서 세부사항 추가

1차 법률은, 개발이 불충분하거나 뒤떨어진 기록관리 업무를 정비하고자 할 때와 생애주기에 따라 기록물을 관리하고자 할 때 가장 적절하다. 그 이유는 생애주기에 따라 기록물을 관리하도록 자세한 실무와 절차를 구축함으로써, 명확한 규정하에 기록관리 업무가 수행되도록 할 수 있기 때문이다. 그러나, 1차 법률은 외부환경의 변화에 따라 개정하는데 많은 시간이 소요되기 때문에, 외부환경에 맞추어 실무와 절차를 바꾸기 어렵다.

기록관리법 중에는 일반적인 틀만 구축하고(예를 들면, 1958년 영국의 공공기록물법), 세부사항은 2차 법률과 규범문서의 형식으로 추가하는 경우도 있다. 이런 형태의 법률은 쉽게 개정될 수 있지만, 특히 기록관리체계가 잘 개발되지 않고 생애주기에 따른 기록관리의 가치가 인식되어 있지 못한 나라에서는, 1차 법률에서 좀 더 상세히 규정하는 편이 낫다.

실제로, 모든 기록관리법은 1차·2차 법률로 구성될 것이다. 각 국가의 상황에 따라 둘 사이에 올바른 균형을 이루는 것이 중요하다.

규정 및 다른 2차 법률의 공포절차는 보통 2차 법률에서 규정된다. 이 규정이 최고의 영향력을 발휘하기 위해서는 대통령이 규칙을 공포해야겠지만, 일반적으로 공공기록물에 책임이 있는 장관이 공포한다. 또한, 국립기록물관리기관의 장과 국가기록관리자문위원회의 역할도 절차에서 규정되어야 하는데, 이 절차들이 너무 복잡하고 관료적인 이유로 공포하거나 변경하는데 어려워서는 안된다. 새로운 1차 법률이 입안되고 있을 때는 그것을 이행하기 위해 필수적인 2차 법률과 규범문서들도 1차 법률이 제정되면 제 역할을 할 수 있도록 동시에 입안되어야 한다.

기록관리법에 영향을 주는 요인

각 나라마다 법률의 세부형태는 많은 요인에 의해 제한을 받는다.

헌법적 요인(Constitutional)은 다음과 같은 것을 포함하는 공식적 헌법과 헌법적 관습을 말한다.

- 입법부, 행정부, 사법부의 권력 분리
- 중앙정부와 지방정부의 장의 각각의 권력
- 집합적인 내각 책임과 개개 장관의 책임을 규정한 규칙이나 관습
- 장관과 고위관리 사이의 관계를 규정한 규칙이나 관습
- 중앙집권 및 지방분권 사이의 균형과 공공 및 비공공부문 사이의 균형

환경적 요인(Environmental)은 기록관리 업무가 수행될 정치, 경제, 사회, 문화 및 행정 전반의 배경을 말한다.

법률적 요인(Legislative)은 법률이 취할 수 있는 외형뿐 아니라 현행 법률 조항의 근거, 기록관리법뿐 아니라 기록물에 영향을 주는 다른 법률(예를 들면, 정보자유, 프라이버시나 자료보호, 공무상의 기밀, 중요한 등록)을 말한다.

전문적 요인(Professional)은 기록관리 개발 전반의 수준(예를 들면, 현행 구조 및 실무, 적정인력의 수급력, 전문적인 교육 및 훈련에의 접근성)을 말한다.

　관련 편람인 『기록관리법의 모델』의 접근방식에서는 민주주의 규범을 모델로 한 헌법, 생애주기에 따른 기록관리 개발의 기본적인 수준, 상세하게 규정하고자 하는 법률적 균형 등을 취하고 있다. 이 과를 학습할 때 토론된 요소의 특수한 사례를 보려면, 이 관련 편람을 정기적으로 참고해야 한다.

2. 법률의 내용 : 서문

제목

  연방국가의 1차 법률은 보통 법률의 효과를 요약하고, 현행 법률의 폐지 또는 수정을 포함하는 긴 제목으로 시작한다. 간혹 그 뒤에는 신법을 제정한 목적을 설명하는 좀 더 상세한 서문이 오기도 한다. 인용하고자 하는 짧은 제목은 법률의 본문에 포함된다.

  법률의 제목과 본문의 제목은 생애주기에 걸친 기록관리의 연속성을 강조해야 한다. 현존하는 법률이 기록물의 생애주기를 배제한 경우라면(가령, 영국의 Public Records Act에서처럼), '기록물(records)'이라는 단어 하나만 사용해도(가령, 국가 기록물법(National Records Act), 국립기록물관리기관(National Records Institution), 국가기록관리자문위원회(National Records Advisory Board)처럼) 무방하다.

  그러나, '국립기록보존소(National Archives)'가 확립된 곳이나 기록관리법에 '기록(records)'과 '영구기록(archives)'을 구분하는 곳에서는 두 용어를 모두 사용하는 것이 좋다.(예를 들면, 국가기록물법(National Records & Archives Act), 국립기록물관리기관(National Records & Archives Institution), 국가기록관리자문위원회(National Records & Archives Advisory Board))

개시

  보통 법률이 효력을 가지게 되는 때를 언급하는 것이 정상이다. 이것은 아마도 구체적인 날(예를 들면, 신년 1월 1일)이 되거나 구체적인 조치가 취해진 때(예를 들면, 장관이 지정한 날)가 될 것이다.

용어의 정의

  법률이 정확하게 해석되려면, 국제적인 표준 용어와 일치하도록 기술 용어(technical terms)

들을 정의해야 한다.

> *기록관리 용어는 『기록관리 용어사전』과 그 곳에 인용된 출처를 보라.*

기록

'기록(records)'은 형태나 매체(예를 들면, 종이기록물뿐만 아니라 시청각 및 전자기록물도 포함)에 상관없이, 어떤 기관이나 개인이 법적 의무를 이행하거나 업무를 수행하는 과정에서 생산, 수취 및 보관하는 모든 기록 정보를 포괄하여 정의해야 한다. 기록은 증거적 특성때문에 도서관 자료나 데이터베이스와 구별된다. 도서관 자료나 데이터베이스는 결정과정에서 참고될 수는 있지만, 거기서 나온 정보가 기록물에 편입된다 해도 '기록(records)'의 범주라고는 할 수 없다. 한가지 접근법은 기록을 구성하는 특수한 유형의 자료를 목록화하는 것이다. 그러나, 이 방법은 목록에 없는 새로운 형태의 기록을 제외시킬 수 있는 위험이 따른다.

… '기록'은 문서로 된 기록뿐 아니라 수단에 상관없이 정보를 전달하는 기록을 포함한다.

> *1958 년 영국 공공기록물법(Public Records Act), s. 10(1)*

… '기록'은 그 안이나 위에 정보가 기록된 매체를 의미한다.

> *1985 년 짐바브웨 국립기록보존소법(National Archives of Zimbabwe Act), s. 2.*

… '기록'은 그것이 포함하거나, 그것으로부터 얻을 수 있는 어떤 정보나 사실 때문에, 또는 어떤 사건, 사람, 환경 및 사물과 관련된 까닭에 유지되거나 유지되어오는 기록정보(쓰여지거나 인쇄된 자료를 포함), 또는 물체(음성기록, 암호화된 저장장치, 자기테이프나 디스크, 마이크로폼, 사진, 필름, 지도, 계획이나 모델, 회화나 다른 그림 및 그래픽 작품을 포함)를 의미한다.

> *1983 년 호주 기록보존소법(Archives Act), s. 3(1)*

생애주기

기록물의 생애주기는 3단계('현용기록', '준현용기록', '영구보존기록')로 설명해야 한다.

영구기록(Archives)

생애주기의 마지막 단계라는 점에서 '영구기록(archives)'이라는 용어는 그 관리에 책임이 있는 기관(기록관리기관, archival institution)이나 그것들을 보존하고 참고할 수 있도록 만들어진 건물(기록보존소, archival repository)과 구별해야 한다.

예외적으로, '국립기록보존소(National Archives)', '지역기록보존소(Regional Archives)' 등 특정 기록보존소의 호칭으로도 사용된다.

공공기록물(Public Records)

또한, '공공기록물'에 대해 전생애주기를 포괄하고 다음에 제시된 것들의 법률적 범위를 명확히 해주는(종종 입법 계획에 있는) 상세한 정의가 있어야 한다.

- 중앙정부의 행정부, 사법부, 입법부의 과거, 현재, 미래의 모든 공공기관과 그 공무원 (주지사 이하)

> *기관(Agency):* 기록을 생산하고 자체 기록관리체계를 갖추면서, 행정부, 사법부, 입법부, 국가 또는 지역의 일부분을 형성하는 공공부문의 기관에 대한 일반적인 호칭이다. 법령에 상응하는 명칭은 공공기관(public office)이다.

- 지역 및 지방정부의 기관과 그 공무원
- 준국영 기관과 그 공무원
- 기존의 기록관리법 취지에 따라 국립기록관리기관에 소장하고 있는 모든 공공기록물

기록관리법의 규정에 따라 앞으로 어떤 다른 조직이나 개인을 추가할 수 있는 조문도 갖추어야 한다.

준국영단체

준국영단체의 형태는 매우 다양하지만, 일반적으로 2가지 유형이 있다.

- 전기공급업체와 같이 국영화된 기업체

- 주 방송사 또는 국영 항공사와 같은 공공회사

준국영단체는 혼합경제에서, 특히 준국영단체가 부분적 또는 전체적으로 민영화될 때, 특별한 문제들을 드러낼 수 있다. 보통, 정부가 이런 단체의 자본을 51% 소유하고 있는 한 그 단체의 기록은 공공기록물로 인정된다. 즉, 준국영단체의 정부소유권이 51% 아래로 떨어진 곳에서는 그 때까지의 기록만 공공기록물이고, 그 이후에 생산된 기록은 사기록물인 것이다. 이런 특수한 조문이 법률에 포함되어야 한다.

기타 용어

그밖에 '기록물 보유 및 처리일정표'와 '자료관' 같은 기술적인 용어도 정의해야 한다.

기간

법률에 구체적으로 명시된 기간(예를 들면 '30년 규칙')을 계산하는 방식을 정의에서 설명하는 것도 유용할 것이다.

[연습 11]

여러분의 법률을 법률 모델 및 다음의 주제에 대하여 위에서 개관한 정보와 비교해 보라. 그리고, 각 주제에 대하여, 여러분의 법률을 바꾸거나 개선시킬 수 있다고 느끼는지, 그 방법은 무엇인지 판단해 보라.
- 제목
- 개시
- 용어의 정의
- 기간

---

3. 법률의 내용 : 구조

행정상의 책임

많은 나라에서, 국립기록물관리기관은 1차적으로 문화기관으로 간주되며, 문화부장관이나 그에 상당하는 사람에게 책임이 주어져 있다. 하지만, 정부 전반의 올바른 행정 구현을 위하여, 기록관리 업무가 중추적이고 중요하다는 사실과 여러 부문에서 그 업무의 보안관계를 감안한다면, 궁극적인 책임은 보다 더 적절한 후원자에게 주어져야 할 것이다.

> 국가기록관리체계를 변화시키기 위하여 적당한 후원자를 고르는 문제는 제1과에서 더 자세히 다루어지고 있다.

따라서, 나라 안에서 중심적인 통치역할을 행사하는 사람(예를 들면, 대통령이나 국무장관)에게 공공기록물의 생애에 걸쳐 정부 차원의 책임을 지도록 지정하는 것이 적절하다. 그러나, 이것은 나라에 따라서는 불가능한 목표일 수도 있고, 정부 내의 타부처에 강한 영향력을 행사하는 선임 장관이 맡아야 할 수도 있다. 어떤 법률에서는, 주(state)의 우두머리나 정부의 우두머리가 책임 장관을 지정하도록 하고 있다.

… 일반적으로 대법관(Lord Chancellor)이 이 법의 실행에 책임을 지며, 공공기록물의 관리 · 보존을 감독할 것이다.

> *1958년 영국 공공기록물법(Public Records Act), s. 1(1).*

… '장관'은 내무부 장관이나, 때때로 대통령이 이 법을 집행하도록 임명할 수 있는 그밖의 장관을 의미한다.

> *1985년 짐바브웨 국립기록보존소법(National Archives of Zimbabwe Act), s. 2.*

… '장관'이란 이 법의 목적상 총독(the Governor in Council)에 의해 장관으로 임명된 자로 캐나다 추밀원(Queen's Privy Council)의 일원을 의미한다.

> *1987년 캐나다 국립기록보존소법(National Archives of Canada Act), s. 2.*

국립기록물관리기관(National Records and Archives Institution)

기록관리법은 정부 내에 기록관련 문제에 대한 책임 기관을 설정하고 그 기능을 다음과 같이 기술해야 한다.

- 다음과 같은 사항을 실시함으로써 정부의 효율성, 유효성, 경제성에 기여한다.
  - 공공기관이 기록관리 업무를 충실히 수행하도록 보장한다.

· 지속적 가치가 없는 공공기록물을 통제하여 적절한 시기에 처리하기 위한 절차를 갖추고 이행한다.
· 공공기록물을 관리할 표준 확립 및 최선의 실천사항에 대하여 조언한다.
· 영구적 가치가 있는 공공기록물을 영구기록으로 보존하도록 이관 절차를 세우고, 이행한다.

• 영구기록으로 보존하기 위해 선별된 공공기록물을 보존하고, 참고할 수 있게 한다.

이 모듈과 『기록관리법의 모델』에서는 이 기관을 중립적인 호칭인 '국립기록물관리기관 (National Records and Archives Institution)'으로 표현하고 있지만, 실무수준에서는 '부·처·청 (administration)', '기관(agency)', '당국(authority)', '국·과(department)', 또는 '국·소(service)'와 같이 좀 더 특수한 호칭을 선호할 수도 있다. 영국처럼 반독립적인 '집행기관(executive agencies)'을 창립하고자 하는 나라에서는 국립기록물관리기관이 그러한 주체가 되는 것이 적절하다.

국립기록물관리기관의 장

기록관리법은 일반 법률 및 공공업무의 고위관리자를 임명하는 그밖의 규칙에 따라 국립 기록물관리기관의 장을 임명하기 위해 대비해야 한다. 그것은 또 다음과 같은 기관장의 책임을 정해야 한다.

• 전반적인 기록관리 정책의 수행
• 국립기록물관리기관의 일상적인 관리
• 법률에 명시된 여타 사안

기록관리법은 또 기관장에게 국립기록물관리기관의 업무에 관한 연보(annual report)를 간행하도록 요구해야 한다.

이 과나 관련 편람에서 사용되는 '책임자(~의 장, director)'라는 호칭은 국립기록물관리기

사용해야 한다.

'국가 아키비스트(national archivist)'라는 호칭이 잘 정착된 곳에서는 '책임자'라는 호칭이 관성적인 편리함 때문에 그대로 유지될 수도 있겠지만, '국가 아키비스트와 국립기록물관리기관의 장(national archivist and director of the National Records and Archives Institution)'이라는 완전한 호칭을 정함으로써 지위의 범위를 알 수 있도록 해야 한다.

기록관리 직원

기록관리직(records and archives class) (또는 기반요원(cadre))은 공무원 체계로 확립하는 것이 바람직하다. 따라서 이를 현행 공공 법률과 규칙에서 다루고 있다면 기록관리법에 따로 정할 필요는 없다. 기록관리직은 고유의 업무체계(공공업무위원회 또는 그에 상당하는 단체에 승인된)를 가지고 있어야 하고 그 관리 책임은 대표자(director)가 (적절한 단체나 공무원들과 협의하에) 지도록 해야 한다. 기록물 작업의 구심성이라는 특성 때문에 직무계층은 국립기록물관리기관 본부의 직원 및 기록관리기관 시설뿐 아니라 각 기관의 기록관리직원도 통합시키는 것이 기본이다. 그러한 기록관리직을 확립하는 일은 기록물의 생애주기에 걸쳐 관리하는 일률적인 시스템에서 중요한 요소이다.

업무체계에 대한 더 많은 정보는 제4과에서 다룬다.

지방정부의 기록물

법률조항은 지방의 자료관(records centres) 및 기록보존소(archival repositories)에 대한 조항은 물론이고, 공공기록물에 대한 중앙정부기관장의 책임을 지방정부기관장에게 넓히고 국립기록물관리기관의 지부 체계를 확립함으로써, 적절한 조항에서 지역 및 지방의 기록물까지도 포함하여 다루어야 한다.

이것은 연방제 또는 지방분권화가 철저하게 이루어진 나라에서는 불가능할 수도 있으나, 국가기록물관리기관과 지방기록물관리기관 사이에 다음과 같은 협조체계가 이루어질 수 있도록 국가의 법률로 정할 수 있다.

- 필요하다면, 지방정부에 대한 국립기록물관리기관의 기록관리업무 규정
- 중앙정부기관의 지역사무소에서 생산된 기록물을 지방정부 관할 자료관이나 기록보존소에 위탁하는 일

기록관리자문위원회

국가기록관리자문위원회를 설립하고, 그 위원 및 권한에 대해 정의해야 한다. 이 위원회는 보통 공공기록물의 관리 정책에 대해 장관에게 충고하고, 국립기록물관리기관의 장을 지원해야 한다. 그 밖의 특수한 기능도 법률에 정할 수 있다. 그러나 이 위원회는 공공기록물의 관리를 촉진시킬 수는 있으나, 분명히 자문의 역할이지 집행의 역할은 아니다.

위원회 구성원의 총 수는 소규모이어야 하며, 관련 분야의 전문가로 구성되어야 한다. 그러나, 위원회에 필요한 명성을 주기 위해서는 영향력있는 관리(예를 들면, 내무, 재정, 법무, 혹은 지방정부의 책임 장관)나 그들의 보좌관이 위원을 겸직하도록 법률에 정할 수 있다. 국립기록물관리기관의 장 역시 겸직위원이어야 한다. 그리고, 위원회를 위한 비서직(보통 기관이 정하는 정규직)과 그 위원들의 보수에 대해서도 법률로 정해야 한다.

[연습 12]

여러분의 법률을, 법률 모델 및 다음의 주제에 대하여 앞에서 개관한 정보와 비교해 보고, 각 주제에 대하여 여러분의 법률을 바꿀 수 있거나 개선시킬 수 있다고 느끼는지, 그 방법은 무엇인지 판단해 보라.
- 행정상의 책임
- 국립기록물관리기관
- 국립기록물관리기관의 장
- 기록관리 직원
- 지방정부의 기록물
- 기록관리자문위원회

---

4. 법률의 내용 : 기록관리활동에 관한 책임

리 전반을 개혁할 수 있도록 하는데 매우 중요하다.

물론, 공공기관의 장이 직접 일상적인 기록관리에 관여할 것이라고는 예상하지 않는다. 그러나, 기록관리 전반에 대한 그들의 책임 중에는 기관의 기록물관리자(agency records manager)를 임명하는 것이 포함되어야 한다. 이것은 보통 기본 법령에서 정해지기보다는 공공기록물에 책임이 있는 장관의 지침형식으로 공공기관의 장에게 요구될 것이다.

현용기록

> *현용기록(Current records):* 조직이나 개인의 진행 중인 업무 행위를 위하여 일상적으로 사용하는 기록. 활용기록(active records)이라고도 한다. 현용기록은 보통 그 문서가 생산된 사무실(place of origin)이나 그 근처, 또는 등록실, 문서과에 보관한다.

공공기관의 장

현용기록과 그 관리 업무를 충실히 구축·유지하기 위한 1차적인 책임은 각 공공기관의 장에게 있어야 한다. 그 책임에는 다음과 같은 것이 있다.

- 현용기록을 적절한 편철 체계(filing system)로 생산·관리한다.
- 공통의 기록물 보유 및 처리일정표를 집행하고 기관별 고유의 기록물 보유 및 처리일정표를 입안·집행한다.
- 준현용기록을 자료관으로 이관한다.(매우 민감한 사안을 다룬 기록에 대해 이관을 연기하려면 정식 허가 절차에 따른다.)

국립기록물관리기관의 장

현용기록 단계에서, 국립기록물관리기관의 장은 다음과 같은 책임이 있다.

- 검사권한을 갖고 공공기관의 기록관리 업무를 감독하고, 특히 기록물철 체계의 구축과 관리에 대해 전문적인 지원, 조언, 지침을 제공한다.
- 공공기록물의 관리 표준을 구축하고 확립한다.
- 기록관리직의 직원 수와 직급에 대하여 공공기관의 장에게 조언하고, 적절한 직을 만

든다.(공무원법의 업무체계에서 따로 정해지지 않았을 경우)

- 기록관리 직원에게 필요한 교육을 조정한다.
- 공통의 기록물 보유 및 처리일정표를 입안하고, 각 공공기관 고유의 기록물 보유 및 처리일정표를 승인한다.
- 기록물 보유 및 처리일정표의 규정을 집행한다.
- 기록물 보유 및 처리일정표에서 규정하지 않는 그밖의 공공기록물에 대한 처리를 위임한다.

기록물 보유 및 처리일정표

> *기록물 처리일정표(Disposal schedule)*: 평가 결정을 기록하고, 처리 조치를 규정한 통제문서(control document). disposal list, disposition schedule, records schedule, retention schedule, retention & disposal(or disposition) schedule, 또는 transfer schedule이라고도 한다.

기록물 보유 및 처리 일정표를 작성할 때는 관련 공공기관의 장과 기록물의 지속적인 행정적, 재정적, 그리고 법적 가치에 관해 최고의 자격으로 조언할 수 있는 정부의 다른 고위 관리자가 동의해야 하고, 기록관리자문위원회와 협의해야 한다. 또한, 기록물 보유 및 처리 일정표는 그들에게 최고의 권위를 부여하는 방식으로 제정되어야 한다. 이것은 보통 공공기록물의 책임 장관이 집행하겠지만(따라서, 대통령이나 국무총리를 책임자로 더 선호), 절차가 너무 경직되고 관료적이어서 일정표의 공포나 변경이 지나치게 지연되면 안된다.

준현용기록

> *준현용기록(semi-current records)*: 현행 업무에 그저 가끔 필요한 기

국가에 아직 하나 또는 다수의 자료관이 존재하지 않는다면, 법에 따라 자료관이 설치되어야 하고, 기존의 자료관은 같은 법에 따라 창설된 국립기록물관리기관이 관리해야 한다. 이런 체계에서, 일단 공공기록이 준현용기록이 되고 국립기록물관리기관의 장이 자료관에 보존하기로 된 준현용기록의 관할권을 받아들였다면, 공공기록에 대한 1차적인 책임은 국립기록물관리기관의 장에게 있다.

> *자료관(Records centre):* 최종 처리를 앞둔 준현용기록의 저비용 보관, 유지, 교류에 적합하게 고안된 건물이나 건물의 일부

국립기록물관리기관의 장

특히, 국립기록물관리기관의 장은 다음과 같은 업무에 책임이 있다.

- 자료관에 소장한 기록물에 대하여 기록물 보유 및 처리일정표를 집행한다.
- 기록물 보유 및 처리일정표에 포함되지 않은 자료관 관할 준현용기록을 적절히 평가하고, 처리한다.
- 국민들이 공공 영구기록에 대한 접근 권리를 갖게 되는 기한이 만료되기 전에(예를 들면, 공공이용기간이 생산 후 30년일 때 20년) 국립기록보존소에서 그 기록물을 정리·기술할 시간적 여유를 가질 수 있도록, 생산되면서 정해진 기간에 늦지 않게 국립기록보존소나 다른 기록보존소, 위탁장소로 영구보존의 가치를 가진 기록물을 이관할 일정을 잡는다.
- 영구기록관리에 들어가 있지 않은 동안, 그 기록의 완결성을 유지한다는 조건하에, 현 행정을 위하여 일시적으로 준현용기록을 자료관의 서고에서 생산기관으로 반환한다.

공공기관의 장

공공기관의 장은 준현용기록의 관리와 특히 다음과 같은 업무에 대하여 국립기록물관리기관의 장과 계속해서 협력할 책임이 있다.

- 제3자들(third parties)이 자료관에 소장한 준현용기록을 열람하고자 할 때 승인한다.
- 이관이 유예된 준현용기록을 국립기록물관리기관의 장이 제시한 조건하에 자료관에 보관한다.
- 더 이상 가치가 없는 기록은 처분하고, 영구적 가치를 지닌 기록은 생산 당시 명시된

기간보다 늦지 않게(예를 들면, 20년) 국립기록보존소나 다른 기록보존소로 이관시키며, 준현용기록의 보유 및 처리일정표를 이행한다.(기록이 계속 민감하여 특정기간 동안 이관을 유예하려면, 공식 절차에 따른다)

영구기록

> **영구기록(Archives):** 영구적인 보존을 위하여 선별된 지속적 가치를 가진 기록으로, 보통 비현용기록(non-current records)이지만 꼭 그런 것은 아니다. 대개 영구기록은 기록보존소에 보존한다.

국립기록물관리기관의 장은 법률에 따라 이관이 공식적으로 유예되어왔거나, 법률에 지정된 또 다른 위탁장소에 소장되어있는 기록물을 제외하고 영구적으로 보존하기 위해 선별된 모든 공공기록물을 보호하고 이용할 수 있도록 해야 할 책임이 있다. 국립기록물관리기관의 장은 다음과 같은 법적 의무를 이행해야 하고 재량권을 행사할 수 있다.

국립기록물관리기관의 장의 법적 의무
법적 의무에는 다음의 3가지가 있다.

- 국립기록보존소를 관리하고, 국립기록물관리기관의 장의 통제하에 있는 국립기록보존소와 다른 기록보존소에 영구기록을 보존하기 위한 적당한 조건을 제공한다.
- 영구기록을 쉽게 이용할 수 있도록 정리하고 기술한다.
- 국립기록물관리기관의 장의 통제하에 있는 국립기록보존소와 그밖의 기록보존소에 소장한 영구기록의 복사본을 국민이 열람하고, 입수하는데 유용하도록 시설을 합리적으로 조정한다.(그 기록이 일반대중에게 개방되어 있는 한)

구립기록물관리기관의 장의 재량권

영구기록을 참고하고자하는 사람들이 지켜야 할 규칙을 공포한다.
- 국립기록물관리기관의 장이 명시한 조건을 전제로, 영구기록을 전시하거나 타 보존소의 전시용으로 대여한다.(공공기록물 책임 장관의 승낙이 필요한 국외 대여는 제외)
- 간행물을 준비하고 판매한다.
- 국립기록물관리기관의 장의 통제하에 있는 국립기록보존소와 그밖의 기록보존소의 영구기록 중 영구적인 가치가 없는 기록물을 처리한다.(생산기관의 장과 장관의 동의를 얻은 후에)
- 안전히 보관하기 위해 사기록물을 인수하고, 구매, 기증, 유물 또는 기탁 등의 방법으로 사기록물을 수집한다.

또한, 국립기록물관리기관의 장은 보존, 복원, 문헌복사 및 다른 기술적인 시설들을 공동 관리하기 위하여 다른 기관들(예를 들면, 국립박물관이나 국립도서관)과 협약을 맺을 수 있다.

[연습 13]

여러분의 법률을, 법률 모델 및 다음의 주제에 대해 앞에서 개관한 정보와 비교해보고, 각 주제에 대하여 여러분의 법률을 바꿀 수 있거나 개선시킬 수 있다고 느끼는지, 그 방법은 무엇인지 판단해 보라.
- 현용기록에 대한 책임
- 기록물 보유 및 처리일정표에 대한 책임
- 준현용기록에 대한 책임
- 영구기록에 대한 책임

---

5. 법률의 내용: 기타 항목

위탁기록물 보관소

적절한 곳에, 기록관리법은 국립기록물관리기관의 장이 게시한 조건과 필처를 전제로 하여, 국립기록물관리기관의 장의 통제하에 있는 위탁기록물 보관소를 지정해야 한다. 이것은 본래 다음과 같은 용도로 사용하려는 것이다.

- 준국영 부문(예를 들면, 국영기업들의 상업적인 기록이나 주(state) 방송사의 시청각 영구기록)
- 지방정부 관할 기록보존소에 기탁된 국가기관 지역사무소의 기록

중앙정부의 공공기관들이 고유의 독립적인 기록보존소를 운영하도록 관례적으로 허용해서는 안된다.

공공기록물의 이용

기록관리법의 이용 규정은 정보자유법이나 사생활보호법과 양립할 수 있어야 하며, 그 반대의 경우도 마찬가지이다. 정보자유법과 사생활보호법에 따라 기록물의 이용이 제한되는 경우, 그 제한이 영구적이지 않으므로 일단 민감도가 사라지면 적당한 때에 해제할 수 있는 조항을 법률에 규정하는 것이 중요하다.

마찬가지로, 공공비밀법에 따라 기록물을 보안 분류할 때도 기록관리법에 부합해야 하며, 최종적인 비밀 해제 및 공공 영역에 공개하는 일에 장애가 되도록 해서는 안된다.

이 과 및 관련 편람에서는 국제 표준에 따라 국립기록보존소 영구기록의 공개 이용에 대해 30년 규칙을 전제로 한다. 따라서 대부분의 민주국가에서는 이 규정을 따를 것이다. 그러나, 국가에 따라 비공개기간을 20년 또는 심지어 그 이하로 줄이는 것이 적절하다고 느낀다면, 그렇게 못할 이유도 없다.

국립기록보존소나 위탁기록물 보관소로 이관되기 전에 국민들이 이용했던 공공기록물은 생애주기에 상관없이 계속해서 국민이 열람할 수 있도록 공개해야 한다.

법규에 정해진 30년보다 비공개 기간이 더 길거나 짧은 것에 대해서는 조문화해야 한다. 그러나, 30년 이상 비공개를 연장하거나 생산기관에서 보존할 수 있는 기록은 다음과 같은 특수한 범주로 제한해야 한다.

- 국가의 안전, 공공 질서의 유지 또는 국가 세입의 보호에 관련된 기록
- 극비로 접수된 제 3자의 정보를 포함한 기록 또는 그밖에 생존하고 있는 개인의 사적

이 법은 보통 공공부문에만 적용되지만, 때로는 준국영 조직을 포함하기도 한다.

보통 공공기록물의 범주에 따라 예외가 있지만, 정보자유법은 기록물의 생애주기와는 관계없이 국민에게 공개하는 것이다. 예외가 되는 사례는 기록관리법의 30년 규칙에 따라 적절한 때에 공개되는 기록물보다 범주가 넓을 수도 있다(예를 들면, 국가 안전, 공공 질서, 또는 국가세입의 보호와 관계된 기록).

정보자유법은 보통 특정 기간 내에 정보를 이용할 수 있도록 하는 규정과 이용 거부에 대해서는 항소를 허가하는 규정을 포함한다. 그리고, 공공기관은 정보이용에 대한 합당한 요금을 부과할 권한이 있다.

사생활보호법

사생활보호법은 정보자유법에 거울처럼 마주선 법률로서, 기관이 소장하고 있는 국민 개인의 사적인 정보를 보호한다. 때로는 단지 컴퓨터 시스템에 소장된 개인정보를 보호하는 자료보호법과 같은 좀 더 제한된 형태를 취하기도 한다. 보통, 이 법은 정보자유법과 달리 공공부문뿐 아니라 민간부문에도 적용된다.

사생활보호법은 기록물에 포함되어 있는 개인 정보를 제 3자가 폭로하는 것을 금지하며, 그 정보의 주체들이 정보의 정확성을 검토하고 필요하다면 수정할 수 있도록 한다. 또한 본래의 목적이 달성된 후에는 관련 기록물을 폐기하도록 강제할 수 있다. 보호는 생존자와 관련된 개인 정보에 한정되지만, 항상 그렇지는 않다.

비밀 해제

때로는 정보자유법이 기록물의 분류체계를 대신하지만, 그렇지 않은 곳에서는, 국립기록물관리기관의 장과 그 직원이 대외비 및 비밀기록물을 관리·점검할 수 있도록 기록관리법에서 적절한 통제대책을 제공해야 한다. 대외비 및 비밀기록물의 조기 공개를 막기 위한 보호장치가 만들어져야 하지만, 본질적으로 대외비 및 비밀기록물이 국가기록물체계 밖으로 떨어져 나간 것으로 간주되어서는 안된다.

민감도가 사라진 기록물의 비밀 해제 절차는 공공비밀법(official secrets legislation)이나 그 명에서 상설되이아 될 것 끝다. 그러나, 바임 그더야 절차들이 규성되지 않았거나 규정된 절차들이 실행될 수 없는 것이라면, 기록관리법에서 적절한 규정을 만들이아 한다. 비밀 해제 절치에서는 기록물이 30년이 되기 지전에 대외비 및 비밀 프시가 게속 필요한 지 고려되도록 해야 한다 그런 다음에는 비밀등급을 낮추고 공공 열람을 위해 국립기록보존소로 이관하도록 해야 한다 비공개 연기로 규정되이온 기록물은 가능힌 빨리 비밀헤세하여 공개

열람한다는 시각을 가지고 정기적으로 재평가가 이루어져야 한다.

법적 효력

기록물의 법적 효력과 허용의 문제는 보통 별개의 법률에서 증거 규칙(rule of evidence)에 의해서 다루어진다. 이 증거의 규칙은 위조에 대한 적절한 보호지침에 따라, 마이크로 필름과 전자기록물이 법적으로 인정될 수 있는 규정을 포함해야 한다. 기록관리법은 국립기록보존소에 이관된 기록물의 법적 효력을 유지해야 하고, 법정에서 기록물 원본의 대출 요구를 줄이도록, 원본을 대신하여 법적으로 인정될 수 있는 인증복사본을 만들 수 있어야 한다.

저작권

현행 저작권법에서 다루고 있지 않다면, 기록관리법은 국립기록보존소에 소장한 영구기록의 저작권에 관하여 특별한 규칙을 정해야 한다. 이에 따라, 국립기록물관리기관의 장은 기록물을 공공 영역에 공개할 수 있고, 그 안에 들어있을지도 모르는 어떠한 개인 저작권도 침해하는 일없이 영구기록의 복사본을 제공할 수 있다. 또한, 저작권이 국가에 있는 공공기록물의 복사본·등사본·번역본을 출판하기 전에, 국립기록물관리기관의 장의 동의를 얻도록 법률상의 규정도 마련해야 한다.

법령상의 위탁

적절한 곳에 법에 따라 간행물을 기록보존소로 위탁하도록 하는 의무조항을 언급해 둘 필요가 있다. 어떤 나라에서는 국립기록보존소가 법적인 위탁 도서관(deposit library)이기도 하다. 이것은 엄격히 기록물 기능이 아니지만, 만일 그것을 떠맡을 적절한 조직이 없다면, 그 존속을 위해 기록관리법에 적절한 규정이 삽입되어야 한다.

사기록물

재정

기록관리법은 국립기록물관리기관이 수행할 재무규칙을 정해야 한다. 각 나라의 시행규칙과 관행에 따라 재무규칙의 내용과 용어는 다르겠지만, 목적은 국립기록물관리기관에 독자적인 예산을 할당하거나 적어도 주무 부처의 예산내에서 별도의 예산을 할당하도록 하는 것이어야 한다.

또한, 국립기록물관리기관이 제공하는 서비스(예를 들면, 복사 제공) 요금 절차도 정해져야 한다.

벌칙

다음에 대하여 벌칙을 정하는 것이 바람직하다.

- 공공 기록물의 무단 이전, 파기 또는 고의적 손상
- 국립기록물관리기관의 장이 정식으로 권한을 부여한 공무원에 대해 공공기록물의 이용 거부
- 역사 기록물의 무단 반출

또한, 유출된 공공기록물을 회수하기 위한 적절한 법적 처리과정도 구체적으로 명시되어야 한다.

유예규정

현행 기록관리체계와 새로운 기록관리체계 사이의 법적, 행정적인 연속성을 보장하는 특정의 유예조항을 마련할 필요가 있다.

폐지와 개정

새로운 기록관리법은 현행 기록관리법을 폐지하고, 다른 관련 법률을 개정해야 한다.

[연습 14]

여러분의 법률을 법률 모델 및 다음의 주제에 대하여 위에서 개관한 정보와 비교해 보라.

- 위탁기록몰 보관소
- 공공기록물의 이용
- 법적 효력
- 저작권
- 법령상의 위탁
- 사기록물
- 재정
- 벌칙
- 유예규정
- 폐지와 개정

각 주제에 대하여, 여러분의 법률을 바꿀 수 있거나 개선시킬 수 있다고 느끼는지, 그 방법은 무엇인지 판단해 보라.

[연습 15]

현용기록과 준현용기록의 관리에 대하여 생산기관(생산기관의 장)과 국립기록물관리 기관(국립기록물관리기관의 장)의 책임을 각각 요약해 보라.

[연습 16]

법적 의무와 재량권을 구별하면서, 영구기록의 관리에 대하여 국립기록물관리기관 (국립기록물관리기관의 장)의 책임을 요약해 보라.

요약

제2과에서는 기록관리법의 목적과 특징을 살펴보았다. 각 나라 법률의 특징, 특히 1차 법률이 명령적이면서 자세하게 서술되는 경우와 1차 법률이 일반적인 틀만 제공하면서 그 안의 세부사항은 2차 법률과 그밖의 규범문서에서 정해지는 경우 이 둘의 균형과 관계가 있는 헌법적, 환경적, 법률적, 그리고 전문적인 요소들을 확인하였다.

기록관리법의 다음과 같은 구성요소들을 검토하였다.

- 제목
- 정의
- 행정상의 책임
- 기록 행정
- 자문기구
- 현용기록과 준현용기록에 대한 공공기관의 장과 국립기록물관리기관의 장의 상대적인 책임
- 영구기록에 대한 국립기록물관리기관의 장의 의무
- 기록물 이용
- 법적 효력
- 저작권
- 법령상의 위탁
- 사기록물
- 재정적인 장치
- 벌칙

학습문제

1. 1차 법률과 2차 법률의 차이점을 설명하라.
2. 국가기록관리법의 틀에 접근하는 2가지 방식을 설명하라.
3. 국가의 법률 개발에 영향을 줄 수 있는 4가지 요인을 서술하라.
4. 기록관리법의 다음 구성요소들에 대하여 각각의 목적을 간단히 기술하라.

- 제목
- 정의
- 행정상의 책임
- 기록 행정
- 자문기구
- 현용기록과 준현용기록에 대한 공공기관의 장과 국립기록물관리기관의 장의 상대적인 책임
- 영구기록에 대한 국립기록물관리기관의 장의 의무
- 기록물 이용
- 법적 효력
- 저작권
- 법령상의 위탁
- 사기록물
- 재정적인 장치
- 벌칙

5. 법률에서 명확하게 정의되어야 할 기록관리에 관계된 용어를 최소한 3가지 말하고, 왜 정의가 중요한지 설명하라.
6. 정부에서 가능한 가장 높은 지위의 공무원이 국립기록물관리기관의 전반적인 관리책임을 져야 하는 이유를 2가지 제시하라.

함되어야 하는가?

12. 영구기록에 대하여 공공의 이용을 보장하려면 법률에 어떤 규정이 다루어져야 하는가?

13. 정보자유법의 개념을 설명하라.

14. 사생활보호법의 개념을 설명하라.

15. 비밀 해제의 개념을 설명하라.

16. 법적 효력에 대하여 설명하고, 이것이 왜 기록관리에 중요한 지 지적하라.

17. 저작권 문제를 다루려면 기록관리법에 어떤 규정이 포함되어야 하는가?

18. 법령상의 위탁의 개념을 설명하라.

19. 국가기록관리법이 사기록물의 보호 규정을 포함해야 하는 이유는 무엇인가?

20. 기록관리법에 어떤 벌칙이 포함되어야 하는가?

연습: 조언

연습 8

이 과에 나오는 일련의 연습은, 현행 법률을 참고한 후 그것을 이 모듈의 법률 모델과 비교하는 문제이다. 이 연습을 통해 여러분은 참고로 쉽게 이용할 수 있도록 모든 관련 법률을 수집할 수 있을 것이다.

여러분의 법률을 검토할 때, 어떤 법률도 완전하지 않으며, 입법과정에서 수정과 개정은 필수적인 것임을 알아두는 것이 중요하다. 강화해야 할 부분만 강조하지 말고, 법률의 긍정적인 모습을 바라보는 편이 좋다. 일단, 여러분이 이 모듈을 끝마쳤으면, 여러분의 국가기록관리법을 되돌아보고, 이 학습 프로그램의 편람에 포함된 『기록관리법의 모델』과 비교해 보라. 개선가능한 모든 영역을 확인했는가?

연습 9

여러분의 나라에서 적용되고 있는 헌법적, 환경적, 법률적 그리고 전문적인 요소들을 확인해야 한다. 만일, 기록관리에 대한 바람직한 인식을 갖추지 못한 환경에서 불충분하게 개발되었거나 쇠퇴한 기록관리 업무를 개혁하고자 한다면, 세부조항을 갖춘 1차 법률이 가장 적절하다. 단지 일반적인 틀만 제공하고 2차 법률과 다른 규정집에서 세부사항을 다루도록 하는 입법은, 훌륭한 기록관리의 전통이 이미 정착된 경우에 적절하다.

연습 10

여러분은 다음과 같은 기관에서 생산되거나 접수된 기록물을 포함해야 한다.
- 대통령실과 내각실
- 정부의 모든 부처, 국, 위원회, 과 및 그밖의 단체, 모든 장관과 그 밖의 공무원 및 고용인
- 국가 밖에서 정부를 대표하는 모든 지위와 그러한 지위에서 일하는 모든 공무원
- 군대의 모든 편대와 부대. 그리고 그런 편대와 부대의 모든 공무원

- 정부, 공공 법인체 또는 준국영 조직체가 발행한 주식 자본의 50% 또는 그 이상을 소유한 회사, 그리고 해당 공무원 및 직원

또한, 여러분은 현행 국가기록관리법에 따라 지역사무소를 포함하여 이미 국립기록보존소의 관할권 내에 있는 모든 영구기록을 포함해야 한다.

연습 11-14

이 연습들을 통해 여러분의 현 상황을 이 모듈의 모델 및 권장사항과 비교해 볼 수 있다. 여러분은 자신이 발견한 사실을 이 과에서 제시한 정보와 비교함으로써 변화가 요구되는 곳이 어디며, 그 이유는 무엇인지 알게 될 것이다.

연습 15

공공기관의 장은 다음과 같은 업무에 책임이 있어야 한다.
- 훌륭한 기록관리 실무를 확립하고 유지한다.
- 현용기록을 적절한 편철체계로 생산·관리한다.
- 기관 고유의 기록물 보유 및 처리일정표를 입안·집행하고, 공통의 기록물 보유 및 처리일정표를 집행한다.
- 준현용기록을 자료관으로 이관한다.
- 자료관에 소장된 준현용기록의 이용을 승인한다.
- 이관이 유예된 준현용기록을 자료관에 소장된 기록물과 같은 조건으로 보관한다.
- 영구기록을 생산 당시 정해진 기간(예를 들면, 30년)보다 늦지 않게 국립기록보존소로 이관한다.

국립기록물관리기관의 장은 다음과 같은 업무에 책임을 져야 한다.
- 공공기관의 기록관리 업무를 감독한다.
- 공공기록물의 관리 표준을 구축하고 확립한다.
- 기록관리 직원 고용에 관해 공공기관의 장에게 자문한다.(공무원법의 업무체계에서 제공되지 않을 경우)
- 기록관리 직원에게 필요한 교육을 조정한다.
- 공통의 기록물 보유 및 처리일정표를 입안하고, 기관 고유의 기록물 보유 및 처리일정표를 승인한다.
- 기록물 보유 및 처리일정표를 집행한다.

- 기록물 보유 및 처리일정표에서 제공되지 않는 공공기록물의 처리에 대해 위임한다.
- 자료관에서 더 보존하기로 된 준현용기록의 관할권을 받아들인다.
- 자료관에 소장된 기록물의 기록물 보유 및 처리일정표를 집행한다.
- 기록물 보유 및 처리일정표에 포함되지 않은, 국립기록물관리기관의 장의 관할 내에 있는 준현용기록을 적절히 평가하고 처분한다.
- 생산 당시 정해진 기간(예를 들면, 30년)보다 늦지 않게 자료관에서 국립기록보존소로 영구기록을 이관한다.
- 현 행정을 위하여 자료관에서 생산기관에 일시적으로 준현용기록을 반환한다.

연습 16

국립기록물관리기관의 장의 법적 의무는 다음과 같다.
- 영구보존하기 위해 선별된 모든 공공기록물을 보호하고, 이용할 수 있도록 한다.
- 영구기록을 위한 적절한 보존 환경을 제공한다.
- 영구기록을 적절하게 정리, 기술하도록 한다.
- 국민이 영구기록의 복사본을 열람하고 입수할 수 있도록 시설을 제공한다.

국립기록물관리기관의 장의 재량권은 다음과 같다.
- 영구기록의 참고시 필요한 규칙을 공포한다.
- 영구기록의 전시회를 준비하고, 그밖의 보존소 전시용으로 대여한다.
- 간행물을 준비하고 판매한다.
- 영구적인 가치가 없는 기록물을 처리한다.
- 구매, 기증, 유물 또는 기탁에 의한 사기록물을 수집하고 보관하기 위해 사기록물을 인수한다.
- 기술적인 시설의 공동관리를 위해 다른 기관(예를 들면, 국립박물관, 국립도서관)과 협약을 맺는다.
- 국립기록물관리기관의 장의 통제하에 있는 국립기록보존소와 다른 기록보존소의 유용성을 유지하는 그 밖의 일을 한다.

조직 구조

　제3과에서는 생애주기에 의거하여 기록관리의 연속성을 구축하기 위한 조직 체계를 소개하고 설명한다. 정부 내에 국립기록물관리기관을 설립하고(제2과를 보라), 기록관리직을 도입하는(제4과를 보라) 일을 포함하여, 현용기록, 준현용기록, 그리고 영구기록을 관리할 새로운 기록관리법에 따른 변화는 적절한 후원자의 지원과 효과적인 조직 체계를 토대로 해야 한다.

　기록관리 업무를 효율적으로 수행하기 위해서 어떤 조직 체계를 구축할 것인지의 최종 결정권은 일부 다른 공공업무기관(예를 들면, 공공업무위원회)에 있을 수도 있다. 그러나, 국립기록물관리기관의 고위 관리자는 어떤 조직 체계를 갖추어야 하는지 전문관리자다운 견해를 올바로 제시할 수 있어야 한다.

　이 과에서는 기록물체계를 관리하고 이행하는 조직의 확립에 있어, 구체적인 문제에 대해 '최선의 방법'을 제시하는 접근법을 취하였고, 실례가 되는 조직도를 포함하였다.

> *이 논제에 대해 더 많이 알고 싶다면 『기록관리의 전략계획』을 보라.*

　위에서 강조했듯이, 기록관리에 생애주기에 입각한 접근방식을 도입하면, 기록물의 각 생애 단계에 영향을 미치고 이것은 곧 정부 차원에서 기록이 관리되는 방식에 근본적인 변화가 필요하다는 것을 의미한다. 이는 다음과 같은 사항들을 필요로 한다.

기관(Agency): 기록물을 생산하고 자체 기록관리 체계를 갖추면서, 행정부, 사법부, 입법부, 국가 또는 지역의 일부분을 형성하는 공공 부문의 기관에 대한 일반적인 호칭이다. 법령에서 이에 상응하는 명칭은 공공기관(public office)이 될 것이다.

제 2 과 및 관련 편람에서 agency 에 상응하는 용어는 'public office (공공기관)' 이다.

이 과에서는 다음과 같은 주제를 다룰 것이다.

- 정부 내 국립기록물관리기관의 위상
- 국립기록물관리기관의 본부와 그 구성요소를 위한 조직 구조
- 공공기관의 현용기록을 관리하기 위한 조직 구조

[연습 17]

이 과를 계속하기 전에, 나름대로 조직 구조의 개념을 정의해 보라. 조직 구조란 무엇인가? 그리고 그것은 왜 기록관리 업무를 개선시키는 데 중요할까?

---

1. 조직 체계가 중요한 이유는 무엇인가?

조직의 구조는 반드시 필요하다. 잘못된 구조는 업무 수행을 심각하게 방해하고, 심지어 파괴할 수도 있다.

Drucker, Peter, The Practice of Management

생애주기에 따른 기록관리의 맥락에서, 위의 인용문이 말하고자 하는 바는 명확하다. 조직의 체계가 적절하지 않다면, 새로운 기록관리법을 통과시키고, 체계를 개선시키고, 설비를 변화시키고, 그리고 기록관리자를 도입하는 등 이 모든 일이 비효율적이거나 최악의 경우

아예 실행이 불가능할 것이다. 예를 들면, 어떤 사회위원회(social committee)가 음악연주회를 계획하고 있다면, 음악가, 연주회장, 입장권, 그리고 광고와 같은 각각의 다양한 측면들을 효율적이고 효과적으로 준비해야 할 것이다. 그렇지 못하면, 최고의 음악가를 단지 20명의 관객 앞에서 연주하게 하는 상황을 만들 수 있고, 적절치 않은 밤으로 연주회장을 예약하게 되는 수도 있을 것이다. 따라서, 적절한 조직 체계는 조직을 구성하는 모든 다양한 요인들이 같은 비전과 목표를 향하여 협력할 수 있도록 하는데 필수적이다.

'조직 체계(organisational framework)'라는 용어는 조직 구조(organisational structure)와 조직 정비(organisational arrangement) 양쪽에 모두 적용된다. 조직 구조는 조직의 목표와 목적을 달성하기 위하여 가장 효율적이고, 비용상 가장 효과적인 방법으로 일과 직원을 조화시키고, 물리적으로 배치시키는 방법을 포함한다. 조직 정비는 단편적이기보다는 전체적으로 접근하기 위하여 구조의 다른 부분들을 서로 연관시키고, 상호작용하도록 핵심적으로 '힘을 주는' 요소를 포함한다.

2. 정부에서 국립기록물관리기관의 위상

이 과에서 논의하는 조직 체계는 넓게 정부를 배경으로 고려될 필요가 있다. 본래 많은 국가에서 국립기록보존소를 문화기관으로 간주하지만, 생애주기에 의거한 기록관리의 핵심은 영구기록에만 집중된 국립기록보존소에 영구기록뿐 아니라 현용 및 준현용기록에 대한 책임(제2과의 새로운 기록관리법에 따라)을 부여함으로써, 국립기록보존소가 현재 또는 미래에 정부와 국민들의 이익을 위하여 국가의 공동 기억을 보호·보존하는 국립기록물관리기관이 되도록 하는 것이다. 이를 위해서는 필요한 변화를 추진할 수 있는 충분한 권한을 가진 적절한 후원자가 필요하다.

따라서, 국립기록물관리기관의 책임은 나라 안에서 중심적인 통치역할을 하는 장관이 행사해야 한다. 대통령이나 국무총리가 책임을 행사한다면 더할 나위 없겠지만, 그것이 불가능하다면, 정부 차원에서 권한이 있는 선임 장관을 임명하도록 해야 한다.

3. 국립기록물관리기관의 조직 구조

국립기록물관리기관의 조직 구조는, 해당 국가의 필요를 이 학습 프로그램에 포함된『기록관리법의 모델』중에서 타당한 부분과 연결시키는 일차적인 원칙들을 바탕으로 개발·운영될 수 있다. 그러나, 어떤 조직구조는 국가의 기록관리체계를 지원하기 위하여 확대된 현존하는 기관의 등록소나 문서과 및 국립기록보존소에 기초하고 있을 가능성도 있다. 이러한 조건에서 대대적인 구조조정이 필요할 지는 새로운 기록관리법에 따른 현 조직의 변화 정도와 기록관리에 생애주기에 따른 접근방식을 어디까지 적용하느냐에 달려있을 것이다. 국립기록보존소에서 전체 국가차원의 기록물관리기관으로 이동해가면서 단계적으로 (일련의 계획된 변화에 따라) 이행해 가는 것도 한 가지 방법이다.

직면할 수 있는 문제와 어려움을 과소평가해서는 안된다. 다음과 같은 도전이 있을 수 있다.

- 변화에 대한 두려움
- 기록관리나 보존에 관심을 가진 다른 기관 또는 내부 부서의 지속적인 영향
- 공공기관과 지역이 자신의 기록에 대해 통제력을 상실할 수도 있다는 두려움을 가질 수 있다.
- 기록관리에 대해 보다 광범위한 접근이 구축되어감에 따라 국립기록보존소의 직원들이 정체성의 상실을 느낄 수 있다.
- 불충분한 예산 제공
- 국립기록보존소와 공공기관 문서과의 그외 자원 문제(직원, 시설, 장비, 자료)

> 잠재적인 어려움에 대처하는 방법은『기록관리의 전략계획』과『기록관리의 인적·물적 자원』에서 다룬다.

관리자는 달성하려고 하는 것이 무엇인지(목표와 목적), 광범위하면서도 제한된 정부의 우선순위 속에서 그것을 어떻게 달성할 것인지(변화에 대한 전략 계획과 관리), 그리고 무엇을 필요로 하는지(자원)를 분명하게 알고 있어야 한다. 문제가 많을 것 같은 영역은 가능한 한 초기 단계에서 확인하여 처리해야 한다. 조직을 정비할 때는 부정적(반동적)이기 보다는 긍정적(순창적)으로 접근하는 것이 필수요소이다.

본부

국립기록물관리기관은 전문성을 겸비한 기관장과 효과적인 최고 관리팀을 갖추고 적절한 본부 구조의 지원을 받아야 하며, 다음의 사항을 제공해야 한다.

- 정부 차원에서 생애주기에 따라 기록관리를 이행·유지할 정책, 표준 및 계획 수립의 전략적 방향 제시
- 기록관리직(records class)의 전문적인 관리를 통해 국립기록물관리기관 및 공공기관의 기록관리직원을 적극적으로 지원

본부의 구조를 적절히 갖추지 않고서도, 공공기관의 문서과를 정비할 수 있고 자료관의 준현용기록 또는 국립기록보존소의 영구기록에 변화를 줄 수 있지만, 그러한 단편적 접근방식은 전략적 계획 및 결합의 결여, 노력의 중복, 그리고 비용 상승의 위험이 있다.

공공기관과 지역, 자료관, 국립기록보존소의 기록물을 생애주기에 따라 통합적으로 관리하는 방식을 개발하는 것이 목표이므로, 국립기록물관리기관의 본부는 정비과정에서 확고하게 지휘통솔 할 수 있는 강력한 조직으로 개발하는 것이 바람직하다.

[연습 19]

앞으로 나가기 전에, 여러분의 기록관리기관 본부의 현황을 간단히 서술해 보라. 본부의 조직을 개선하는 데 필요한 변화를 3가지 제안할 수 있는가?

용기록 부서를 따로 둘 필요가 없으며, 특히 자료관이 기록보존소와 함께 있는 경우에는 형편에 따라 영구기록 부서에 그 기능을 부여할 수 있다.

> **부서(Division):** 공공기관의 상위 행정 단위. 실제로는 department 또는 directorate(국)로 적절히 명명하기도 한다.

국립기록물관리기관의 장과 각 국의 책임자가 최고 관리팀을 구성하며, 공공부문 전반의 기록관리 업무에 전략적 방향을 제시한다. 이런 조직상의 접근방식은,

- 구조와 명칭에 생애주기에 따른 기록관리를 반영할 것이다.
- 3가지 주된 영역의 어디에서든지, 변화하는 역할과 확대 및 축소를 수용할 조직의 유연성을 가지게 될 것이다.
- 본부의 안과 밖(예를 들면, 문서과 구조조정과 같은 영역) 모두에서 강력한 통제를 발휘할 것이다.
- 책임과 책무의 계선(界線)과 역할을 분명히 구분해줄 것이다.
- 업무활동의 영역을 명확히 해줄 것이다.

또한, 적절한 업무체계(제4과를 보라)와 연계될 때, 이런 접근방식은 경력관리라는 측면에서도 기록관리체계의 직위 내에서 직원 이동이 가능하도록 직급서열을 명확히 해줄 것이다.

국립기록물관리기관

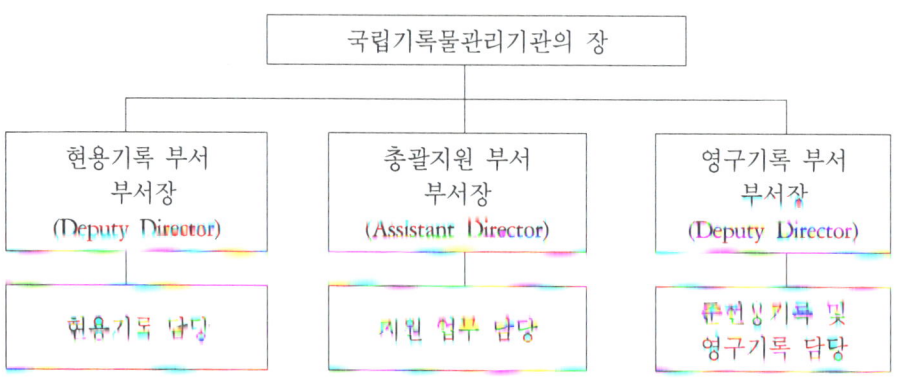

표 2 : 국립기록물관리기관의 조직 — 고위관리구조

〈표 2〉는 본부의 고위관리구조이다. 두 주무부서(현용기록 부서와 영구기록 부서)와 지원부서로 조직을 구분하고 있다. 두 주무부서에서는 국립기록물관리기관의 2가지 광범위한 기능 즉, 현용기록의 관리와 영구기록의 관리를 수행한다(준현용기록의 관리는 자료관이 기록보존소와 함께 있다는 전제하에 후자에 포함시킨다).

위의 조직 구조에서 사용한 명칭만 고집할 필요는 없다. 명칭은 지역적인 필요와 환경의 변화에 따라 변화할 수 있고 또 변화해야 한다. 그러나, 명칭은 생애주기에 따른 기록관리를 반영하고 각각의 역할을 명확히 지시해줄 수 있어야 한다. 이전의 명칭이 현재 부적절하거나 불명확한 명칭이라면, 직원과 일반인을 혼란시킬 뿐 아니라, 결과적으로 기록관리에 대한 잘못된 인상을 준다.

지역

지역(Region): 가장 높은 수준의 지방정부. 실제로는, 주(state), 지방(province), 구역(district) 또는 다른 상응하는 용어로 적절히 명명하기도 한다.

적절한 곳에 지방의(local) 자료관 및 기록보존소에 관한 규정을 집어넣고, 또 국립기록물관리기관의 지부망을 구축함으로써 조직구조는 '지역'도 포괄해야 한다.

지역에서 기록관리시스템을 이행하는 일은 특히 강조될 필요가 있다. 지역의 인프라 비용으로 쉽게 본부사무소를 설치하고 공공기관의 문서과를 재정비할 수 있다. 조직 구조와 조직 정비에서 지역이 간과되어서는 안되며, 각 지역이 개발 과정의 일부분을 형성하도록 특별한 주의를 기울여야 한다. 이런 개발 과정에서 중요한 것은 지역에서(적절히 좀 낮은 수준으로) 본부 사무소의 체계를 반복하는 것이다.

본부에서 이런 지역의 구조를 뒷받침해주는 것도 중요하다. 조직적으로 이것은 다양한 방식으로 이루어질 수 있다. 독립된 본부의 단위에 그런 기능을 두는 것은 그 지역에 대한 지역의 기록관리 업무를 통제하기 위해 어떤 접근방식을 채택한다고 해도, 다음과 같은 것은 중요하다.

- 본부에서 지역으로 그리고 지역에서 본부로 정보 유통을 위한 효과적인 통신체계 구축
- 정책 변화나 문제 영역에 대한 초기 경고
- 본부와 지역 양자의 필요를 고려한 전략 계획
- 지역까지 연장되는 효과적인 경력 및 인사 계획
- 지역의 필요와 문제에 대한 각별한 인식

이를 실행하는 최선의 방법은 본부의 고위 관리자와 지역의 고위 공무원이 효과적인 협의와 의사결정과정 내에서 함께 협력하여 해나갈 수 있도록 하는 것이다.

[연습 20]

만일 있다면, 여러분의 기록관리기관과 관련된 지역사무소의 조직현황을 간단히 서술해 보라. 지역의 조직을 개선시킬 수 있는 3가지 변화를 제안할 수 있는가? 지역사무소가 없다면, 왜 없는지 설명할 수 있는가? 지역사무소는 있어야 하는가? 지역사무소는 어떻게 설립해야 하는가?

현용기록

기록관리에 있어, 현용기록 책임 부서는 생애주기에 입각한 기록관리로 이동해 가는 과정에서 발생하는 수많은 기본적인 변화를 관리해야 한다. 현용기록 부서에서 처리·유지해야 할 핵심 문제는 공공기관 현용기록의 효과적인 관리와 적절한 평가, 준현용기록의 자료관 이관 등이다.

현용기록 부서는 다음과 같은 것들이 설정하는 틀 안에서 움직일 것이다.

- 국립기록물관리기관, 현용기록(기록물 생애수기의 첫 단계)을 관리하는 공공기관 및 그 밖의 공공소지의 장에게 실질의 책임을 세시하고 있는 새무문 기록관리법(제2과를 보라)
- 기록관리 업무를 수행할 수 있는 전문인력 조직체인 기록관리직(a records class)(제4과를 보라)

이 과의 목적은 기관에 비용-효과적인 서비스를 제공하기 위해 기관의 문서과를 정비하고자 할 경우(또는 만들어야 할 경우), 발생가능한 수많은 주요 변화를 강조하는 것으로 충분하다. 주요 변화에는 다음과 같은 것들이 있다.

- 각 공공기관의 기록물을 효과적으로 관리하기 위한 공공기관 전반의 정책과 표준을 세운다.
- 각 공공기관에 필요한 문서과의 수를 검토한다.
- 문서과의 조직을 효과적으로 정비한다.
- 각 문서과의 적절한 자원 수준을 결정한다.
- 보안의 필요와 요구를 확인한다.
- 적절한 기록물철 체계(filing system)를 만든다.
- 방위업무, 치안업무, 외교업무처럼 기밀 또는 비밀로 간주되기 쉬운 영역을 위해 특수기록물보유 및 처리일정표를 제정·이행한다.
- 준현용기록을 자료관으로 이관하기 위한 절차를 구축한다.

문서과 정비에 대한 전문적 측면은『현용기록 : 생산과 관리』와『기록평가시스템』에서 더 자세하게 다룬다.

조직 체계(organizational framework)는 정비과정을 보여줄 수 있어야 하고, 그것을 유지할 수 있어야 한다. 정해진 시간에 결과를 보여주려면, 조직 체계의 다양한 역할을 결합시킬 필요가 있다.

- 촉진 역할 : 변화과정 촉진
- 집행 역할 : 문제해결과 구조조정에 직접 개입
- 자문 역할 : 공공기관의 고위관리자와 긴밀한 협조체계
- 관리 역할 : 기록관리직원에게 전문적 지침과 지도
- 교육 역할 : 기록관리직원 교육
- 점검 역할 : 문서과 점검

정비단계에서, 동시에 모든 공공기관을 다룰 수는 없다. 그러므로, 전체 프로그램을 포함하는 프로젝트를 계획하고, 그 안에서 우선순위를 정해야 한다.

> 프로젝트 계획과 관리는 『기록관리의 전략계획』에서 더 자세하게 다룬다.

문서과의 정비를 마쳤으면 계획된 프로그램을 토대로 점검에 착수해야 한다. 문서과 점검은 체계, 보안, 절차 및 직원고용에 대한 감사(audit)를 포괄하는 정식 점검이어야 한다. 문서과가 제시한 금전적 유용성문제는 고위 관리자와 함께 평가하고, 논의해야 한다. 지속적인 특별 지원 및 교육 외에 이 점검 프로그램이 추가될 것이다.

〈표 3〉은 현용기록 부서가 어떻게 조직될 수 있는지 보여준다.

현용기록 부서

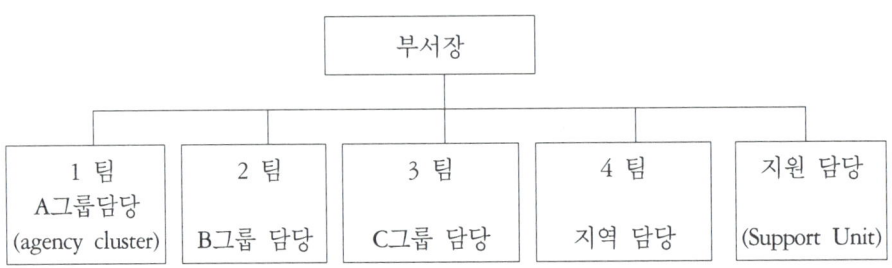

표 3 : 현용기록 부서 - 각각의 책임 영역

공공기관과의 관계

국립기록물관리기관의 현용기록 부서와 현용기록에 책임이 있는 공공기관과의 관계를 다루는 최선의 방법은, 그 부서를 작은 팀들로 나누어 조직하고 각 팀으로 하여금 공공기관의 기록물관리자를 통해 다수의 기관(공공기관 그룹, agency clusters)을 다루도록 하는 것이다. 그룹을 나눌 때는 여러 요인을 염두에 두어야 한다. 우선, 그룹(cluster)의 수와 한 그룹 내 공공기관의 수를 팀을 구성하는 직원이 효과적으로 통제할 수 있도록 나누어야 한다. 또한, 개별 그룹은 조직의 연계나 관련 기능을 토대로 공통 주제를 반영하여 조직해야 한다.

팀의 직원은 업무에 대한 적절한 숙련과 경험이 있는 기록관리직원 중에서 선발해야 한다. 팀의 직원수와 직급수준은 상응하는 그룹(cluster)내 공공기관의 규모, 관련된 특별 업무(예를 들면, 정비, 감시, 점검), 직원의 경험, 관련 그룹에서 일어날 수 있는 잠재적인 문제들을 고려하여 결정해야 한다.

> *팀 구성과 팀 관리는 『기록관리의 전략계획』에서 더 자세하게 다룬다.*

팀은 생애주기에 따른 관리로 변화시키기 위해 전략을 개발하고, 그 변화가 공공기관 특히 각 문서과에서 적절히 계획되고 확실하게 이행, 유지되도록 하는데 중요한 역할을 할 것이다.

그러나 한편으로는 팀으로 대표되는 국립기록물관리기관의 장과 다른 한편으로 기관 기록물관리자로 대표되는 장관들 및 기관의 고위 직원, 이들 양자의 책임과 책무를 조화시키는 요령이 필수적이다. 특히, 기록관리 전문직 우두머리로서의 기관장의 역할은 기관 내 계통관리(line management)(공공기관의 기록물관리자에 의한)와 전문적 관리(국립기록물관리기관에 의한) 사이의 잠재적 대립을 피하기 위하여 주의 깊게 다루어져야 한다.

그밖에 팀에게 발생할 수 있거나 처리해야 하는 일반적인 문제로는 다음과 같은 것들이 있다.

- 기록관리를 변화시키기 위해 공공기관의 장관들과 고위 관리자들의 참여 유도 및 유지
- 국립기록물관리기관이 공공기관의 기록물관리자와 직원들의 업무를 간섭하는 것으로 보일 경우 생기는 저항 및 반감
- 공공기록물의 성격이 법률적으로 명확히 규정되어 있지 않은 경우, 외부의 간섭으로

그러한 문제들에 대처하는 방법은 『기록관리의 전략계획』에서 더 자세하게 다룬다.

지역기관의 현용기록 관리

기록관리에 생애주기 개념을 도입할 때는 지역의 기록물도 포괄해야 한다. 현용기록을 관리하기 위하여 문서과를 정비하고 업무절차를 효과적으로 구축하는 일은 국가적인 차원에서 뿐 아니라 지역적인 차원에서도 중요하다.

지역의 관리 구조가 본부의 관리 구조를 따르듯, 지역기관과의 협조체계도 비슷한 방식으로 운용되어야 한다. 즉, 지역팀들은 지역기관그룹과 효과적인 통신체계를 구축하고 시스템과 절차를 개발하며, 중앙정부기관을 위해 구축된 프로젝트와 프로그램을 복제하는 기관들의 현용기록관리 프로젝트와 프로그램을 인정해야 한다.

이행여부는 자원의 이용가능성에 달려있을 것이다.

현용기록부서의 지원업무

지방정부기관의 현용기록을 관리하기 위하여 문서과를 정비하고 업무과정을 효율적으로 개발·유지하려면, 각 팀에 대한 지원이 필요하다. 이런 지원 업무는 부서의 다른 팀들과 함께 일은 하지만 매일매일 공공기관들과 관계해야하는 부담은 없는 독립적인 지원팀에서 보다 단기간에 처리하는 것이 좋다. 지원팀의 중요 책무는 다음과 같다.

- 현용기록 분야의 정책을 개발한다.
- 전문적인 표준과 지침을 개발한다.
- 지역계통의 관리와 관련하여 각 지역기관 내에서 또는 지역기관간에 기록관리직원을 교육시킨다.
- 공통업무에 대한 기록물처리일정표를 입안·유지한다.
- 업무편람 모델을 입안·유지한다.
- 행정정보를 수집하고 전달한다.
- 부서의 인적, 재정적, 그리고 물적 자원을 관리한다.

준현용기록과 영구기록

준현용기록과 영구기록은 별도로 관리될 수 있으나, 특히 자료관이 기록보존소에 인접한 경우, 한 부서가 두 분야 모두를 책임지기도 한다. 이 부서의 중요 책무는 다음과 같다

- 준현용기록을 공공기관 문서과에서 자료관으로 지속적으로 이관하도록 한다.
- 자료관을 관리한다.
- 영구기록을 적절히 정리하고, 적합한 시설에서 보존하며, 활용하도록 한다.

전문적인 문제들은 『기록평가시스템』, 『자료관의 기록관리』, 『기록보존소의 기록관리』에서 상세하게 다룬다.

[연습 22]

아래의 표를 검토하기 전에 또는 이 과를 더 읽어 내려가기 전에, 위에서 개관한 요구 사항들을 수용하기 위해 여러분은 준현용기록과 영구기록 부서를 어떻게 조직할 것인 지 간단히 말해보라. 여러분이 제안한 조직과 다음의 표 및 정보를 비교해 보고, 둘 사이 의 유사점과 차이점을 생각해 보라.

〈표 4〉는 영구기록 부서를 어떻게 조직할 수 있는지 보여준다.

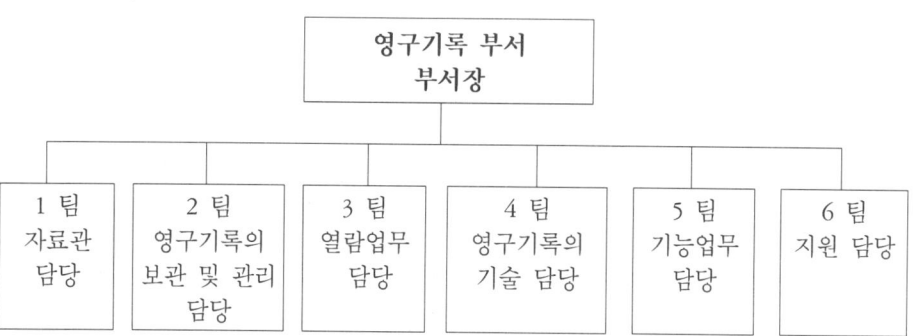

표 4 : 영구기록 부서 – 각각의 책임 영역

기록관리법은 책임의 소재가 국립기록물관리기관으로 (자료관을 포함하는) 넘어간 준현

- 자원의 부적절한 제공
- 새로운 책무들로 인해 증가된 작업량
- 전문가적 지위와 정체성의 상실감
- 공공기관의 자체 기록물 관리권 상실감

자료관 관리

자료관은, 효과적인 생애주기 관리 프로그램 내에서 바람직한 문서과의 체계와 포괄적인 기록물보유 및 처리일정표를 뒷받침해주는 중요한 역할을 한다. 준현용기록을 저비용 시설에 보관하는 일은 효율적, 경제적 관리의 필수 요건이다. 자료관 건물은 자체의 용도로 신축할 수도 있고 현존하는 시설을 개조할 수도 있다.

자료관의 주요 관리 기능은 다음과 같다.

- 문서과에서 자료관으로 준현용기록을 정기적으로 이관할 수 있도록 적절한 절차를 갖춘다.
- 자료관의 준현용기록을 위한 저비용의 보관시설을 제공한다.
- 자료관의 준현용기록을 위한 통제 시스템을 개발하고, 관리한다.
- 자료관 건물을 관리한다.
- 이용자들(준현용기록의 생산기관)이 기록물을 검색하거나 현장에서 참고할 수 있도록 시설을 제공한다.
- 준현용기록의 보유 및 처리일정표를 이행한다.
- 영구적 가치를 지닌 기록물을 기록보존소로 이관한다.

> *기록보존소(Archival repository)*: 영구기록을 보존하고, 참고로 이용할 수 있도록 해놓은 건물이나 건물의 일부분. 'archives' 라고도 한다.

이렇게 다양한 기능을 수행하려면 자료관의 조직 체계가 유연해야 한다. 그러므로 자료관의 조직 체계는 작업량 및 이용자의 요구의 유동성과 이용가능한 자원(직원, 재정, 시설, 장비)의 양과 질 면에서의 다양성에 대치해야 할 것이다.

자료관을 건립하고 준현용기록의 적절한 이관·관리 절차를 정하는 초기 단계에서는 주로 전문 직원으로 구성된 사료과 태스크 포스팀을 구축하는 것이 바람직할 수 있다. 그러나,

자료관이 건립된 상태에서 운영 할 때에는, 전문가의 지도하에 비전문직원이 표준 업무절차와 예정된 조치에 따라 대부분의 업무를 수행할 것이다.

위에서 설명한 기능들간에 작업 부담이 유동적인 점을 감안하면, 직원들을 특정한 기능을 수행하는 개별단위로 나누기보다는 하나의 통합적인 인력풀로 관장하는 것이 바람직하다. 중요한 것은 자료관의 전문적 관리가 공공기관과 본부 모두에게 신뢰감을 주어야 한다는 것이다. 이것은 자료관이 문서과 및 국립기록물관리기관의 다른 부서들과 원활한 의사소통 체계를 구축하고 유지할 때 이루어질 것이다.

지역의 준현용기록 관리

조직 구조의 다른 측면들과 마찬가지로, 지역에서는 중앙정부 준현용기록의 관리 구조, 체계 및 업무절차를 그대로 따라야 한다. 그러나, 구역이 작으면서 다수의 지역으로 이루어진 나라에서는 각 지역마다 자료관을 설치하는 것은 불필요하거나 비경제적일 수 있으므로 대신 여러 인접 지역을 담당하는 공동 자료관을 설립할 수 있다.

영구기록의 관리

영구기록을 다루는 조직구조(즉, 국립기록보존소)의 주요 기능은 다음과 같다.

- 영구기록을 보존하도록 적당한 시설을 제공한다.
- 영구기록을 이용하기 쉽도록 정리하고 기술한다.
- 영구기록을 활용할 수 있도록 하고 그것을 장려한다.
- 관련 기술 업무(정보기술, 수리복원, 복제)를 관리한다.

영구기록을 효율적으로 관리하려면, 조직구조에 이 개별 기능들이 반영되어야 한다. 각각의 기능은 별개의 단위로 수행하는 것이 바람직하고 이상적이다. 그러나, 실제로는 기능을 연계시켜야 하는 경우가 있을 것이고, 이 때 각 기능의 개별적인 관심사와 요구사항이 간과되어서는 안된다.

동시에, 조직 구조는 다음과 같은 것들에 대처할 수 있도록 충분히 유연해야 한다.

어떤 업무운영단위(operational units)로 나뉘든, 조직체계(organizational framework)는 다양한 단위간에, 그리고 더 넓게는 본부 사무 구조 내에서 의사소통 채널이 유지되도록 해야 한다.

조직 정비도 마찬가지로 '자기위주'에서 '고객위주'로 바뀌어야 한다.(여기서, 고객은 영구기록 또는 영구기록에서 파생된 정보의 이용자 또는 잠재적인 이용자이다.) '고객위주'란 조직 차원에서보다는 이용자 차원에서 생각하는 접근방식이다. 이것은 실제 이용자와 잠재적인 이용자를 확인하는 것에서부터 출발할 것이다. 조직의 관점에서 볼 때, 이것은 구조, 직원고용 및 시설 역시 이용자의 요구를 반영하는 것이어야 하고 또 이를 토대로 해야 한다는 것을 의미한다.

기록관리가 생애주기에 따라 관리되고 조직이 점차 이용자 위주로 변화한다면, 결국 새로운 기능을 개발해야 할 것이다. 예를 들면, 한층 높아진 국립기록물관리기관에 대한 국민의 인식 때문에 방문객, 국민, 방송·신문 등의 미디어나 마케팅을 다룰 수 있는 새롭게 정비된 적절한 조직 구조가 필요하게 될 것이다. 조직 구조는 요구변화, 새로운 책무를 수행하기 위한 업무단위의 신설이나 현행 업무단위의 확장, 그리고 현재나 미래에 불필요한 조직단위의 폐지나 통합 등의 상황에 직면하여 탄력성이 있어야 한다.

기술 업무

정보기술(IT), 수리복원, 복제기술을 포함한 기술 업무에는 기술 교육을 받은 직원이 필요하다. 그러나, 그들의 업무 프로그램은 국립기록물관리기관의 광범위한 요구들과 조화를 이루어야 한다. 기술직 직원이 독단적으로 그들 업무의 우선순위를 결정하도록 해서는 안된다. 특히, 정보기술(IT)은 반드시 국립기록물관리기관 업무운영단위의 우선업무순위에 따라야 하고 그 반대의 순으로 이루어져서는 안된다.

전문적, 기술적 문제는 『기록물 보존』, 『기록관리 전산화』에서 더 자세하게 다룬다.

[연습 23]

여러분의 기관에서 현재 정보기술의 설치, 기술 체계의 이행 등과 같은 기술업무의 책임 감독자는 누구인가? 누가 이런 기능을 책임져야 하는가? 기록보존소는 이런 업무에서 어떤 역할을 하는가? 여러분의 대답과 이 과에서 제공된 정보 사이의 유사점과 차이점을 생각해 보라.

지역기관의 영구기록 관리

조직 구조의 다른 측면들처럼, 지역에서는 중앙정부 영구기록의 관리 구조, 체계 및 업무 절차를 따라야 한다. 그러나, 구역이 작으면서 다수의 지역으로 이루어진 나라에서 지역마다 기록보존소를 설치하는 것이 불필요하거나 비경제적일 수 있으므로, 대신 여러 인접 지역을 담당하는 공동 기록보존소를 설립하는 편이 좋다. 또한, 지방분권이 매우 약하고, 수도와의 거리가 가까운 아주 작은 나라에서는 중앙과 지방의 모든 공공 영구기록을 국립기록보존소에서 보존하고, 참고할 수 있도록 하는 것이 바람직하다.

총괄지원 업무

국립기록물관리기관 전체(본부와 지역)에 지원 업무를 제공하고, 기록관리직원을 위하여 일정한 기능을 수행하는 상위 조직단위가 필요하다. 이 조직단위는 국립기록물관리기관이 효율적·효과적으로 운영될 수 있도록 하고, 소요경비에 비추어 최고의 가치를 달성할 수 있도록 하는데 결정적인 역할을 할 것이다.

[연습 24]

다음의 표를 검토하기 전에, 또는 이 과를 더 읽기 전에, 여러분의 기관에서는 지원 업무를 어떻게 관리하고 있는지 간단히 서술해 보라. 여러분은 기록관리 부서에 제공되는 지원 업무를 개선하기 위하여 현 체제를 어떻게 바꿀 것인가? 현 상황과 여러분의 제안을 다음의 표 및 정보와 비교해 보고, 둘 사이의 유사점과 차이점을 생각해 보라.

총괄지원 부서의 주요 기능은 다음과 같다.

- 인적 자원의 계획
- 기록관리직의 충원
- 인사 및 지원 업무
- 내부 감사

〈표 5〉는 어떤 식으로 총괄지원 부서가 조직될 수 있는지 보여준다.

총괄지원 부서

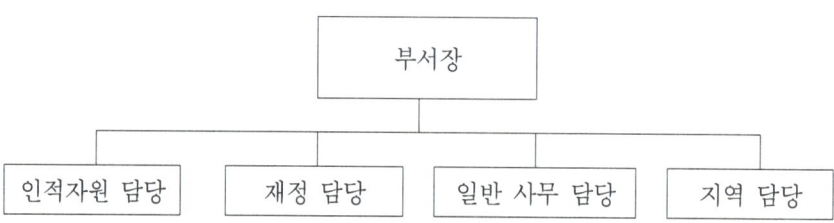

표 5 : 총괄지원 부서 - 각각의 책임 영역

이런 기능을 효과적으로 수행하려면 작업량의 변동, 기록관리직의 채용, 그리고 이용자 위주로의 변화 요구를 고려하면서 광범위한 지원 업무를 처리할 수 있는 강력한 관리팀이 필요하다. 특히, 이 팀은 일상적인 세부업무에서는 고위 관리자의 지시를 받지 않는, 인사 및 재정문제의 적임자들로 구성되어야 한다. 왜냐하면 정부와 지역을 망라하여 기록관리에 생애주기적 개념을 도입하려면, 직원, 인사 및 재정 체계, 그리고 계획을 효과적으로 지원했을 때만 가능하기 때문이다. 따라서, 지원 부서의 내부 조직 구조에는 위에서 제시한 기능들이 반드시 반영되어야 한다.

총괄지원 업무에 관한 문제는 『기록관리의 인적·물적 자원』에서 더 자세하게 다룬다.

4. 공공기관의 현용기록 관리

대부분의 나라에서 나타나는 현저한 문제는 생애주기 초기 단계에서부터 기록물을 통제하는 기록관리 프로그램이 없다는 것이다. 이는 영구적 가치를 지닌 기록물을 확인할 수 없게 하고, 국가의 역사적 유산의 중요한 구성요소를 보호할 수 없게 만들었다. 결국, 국립기록보존소 자체도 새로운 자료의 결핍을 느끼게 되고, 한편으로는 정부내에서 기관의 역할이 불분명해져 그 위상이 약해지게 되는 것이다. 그런 면에서, 국립기록물관리기관의 개발은 이 과정을 변화시키기 위한 숙제로서, 기록관리의 연속성을 보상하면서 정부차원에서 생애주기에 따른 기록관리를 이행할 수 있도록 동력과 자원을 제공해 준다고 할 수 있다.

그러나, 본부 구조의 재편만으로는 필요한 만큼의 변화를 창출하지 못할 것이다. 따라서 그와 동시에, 처음부터 정부기관에서 생산되거나 접수된 모든 기록물을 통제하는 체계를 도입하는 것이 중요하다. 그리 하여 생애주기 3단계에 따라 기록물을 관리하여 정부업무를 효율적·효과적으로 수행하는데 필수적인 정보를 쉽게 지속적으로 이용할 수 있도록 해야 한다. 따라서, 기관에서 기록물을 생산하고 이어서 관리하는 방식은 생애주기 접근방식을 이행하고 그 과정이 확실하게 유지되도록 하는 데 중요한 첫 번째 단계라고 할 수 있다.

문서과 정비

공공기관의 기록관리 업무를 효과적으로 변화시키려면, 다음과 같은 조치를 취해야 한다.

- 고위 관리자가 확실히 책임지도록 하라.
- 직원에게 변화의 필요성을 설득하라.
- 변화 과정을 계획하라.
- 기록관리 전담부서를 설립하고, 기존의 '기록물 등록소'를 새로운 형태의 '문서과'로 바꿔라.

기록관리 전담부서(Records management unit): 기관의 기록물을 생애주기에 따라 관리할 책무를 지닌 기관의 행정 단위

문서과(Records office): 현용기록의 생산, 관리 및 유지에 책임이 있는 기록관리 전담부서의 하부 조직. 기록물등록소(registry)라고도 한다.

이런 변화는 문서과 '정비'를 통해서 이룰 수 있는데, 이것은 또 국립기록물관리기관 현용기록 부서의 팀들과 이 과의 앞에서 서술한 공공기관그룹의 직원들의 상호협력하에 이루어진다. 문서과의 정비과정은 다음과 같다.

확인 및 분리함으로써 준현용기록은 자료관으로 이관시키고 영속적 가치가 있는 비현용기록(즉, 영구기록)은 국립기록보존소로 이관시키며 가치가 없는 나머지는 폐기시킬 수 있도록 한다.

- 준현용기록이 되면, 문서과에서 자료관으로 이관하는 정기적이고 계획된 절차를 세운다.
- 기록물의 기능에 대한 명확한 책임을 설정한다.

> *정비과정의 요소들은『현용기록 : 생산과 관리』, 『기록평가시스템』, 『현용기록관리체제의 정비 : 업무편람』에서 더 자세하게 다룬다.*

정비과정을 끝낸 후에도 기록물을 효과적으로 관리하려면, 공공기관의 조직을 영구적이고 효과적으로 체계화시키고 정비해야 한다. 만일 그렇지 못할 경우, 많은 나라에서 대민업무 개혁의 핵심 문제라고 할 수 있는 기록관리의 생애주기적 접근방식은 방향을 잃기 시작할 것이고, 결국 실패할 것이다.

기록관리직

국립기록물관리기관과 공공기관 양쪽의 직원을 포괄하는 기록관리직을 도입하면, 통합 직원 체제를 갖출 수 있다. 이 속에서 직원들은 생애주기 시스템에서는 서로 다르지만 유사하고 연계된 기능 그러면서도 전문 직원의 특별한 기술과 경험을 요구하는 기능을 수행하게 된다. 이러한 통합체제에서 공공기관, 자료관 기록보존소는 현재는 물론 미래에도 함께 일할 수 있게 되고 따라서 기록물은 연속적인 관리의 일부로서 가장 효율적이고 효과적인 방식으로 관리될 수 있다.

> *기록관리직의 도입은 제4과에서 더 자세하게 다룬다.*

기록관리 전담부서

공공기관 기록관리 전담부서의 주요 목적은 기록물과 기록 정보를 쉽게 이용할 수 있도록 하는 것이다. 이 목적을 달성하고 동시에 기록관리법(제2과를 보라)에 정해진대로 현용기록 관리에 대한 공공기관장의 책임을 완수하도록 하려면, 다음과 같은 기능이 효과적으로 수행되어야 한다

- 현용기록 통제를 위하여 하나 이상의 문서과를 설치하고 관리한다.
- 적절한 파일링시스템 내에서 현용기록을 생산하고 관리한다.
- 각 공공기관 고유의 기록물보유 및 처리 일정표를 입안한다.
- 공통(일반) 및 고유의 기록물보유 및 처리 일정표를 이행한다.
- 준현용기록을 자료관으로 이관한다.

문서과의 직무와 책임은 『현용기록 : 생산과 관리』에서 더 자세하게 다룬다.

공공기관의 장과 고위 관리자는 기관 내의 다양한 부서 및 조직단위들을 모두 원활하게 운영할 책임이 있고, 직원들을 조직, 지도, 감시 및 관리할 책임이 있다. 기록관리 전담부서에서는 기록물관리자(agency records manager)가 이러한 책임을 맡는다.

[연습 25]

여러분의 기관에서 기록물관리자의 직무내용이 기술되어 있는 문서를 구하라. 그리고, 이 모듈에서 제공하고 있는 정보를 토대로, 기록물관리자를 더욱 효과적인 기록관리 팀의 일부가 되게 하기 위하여, 직무내용을 어떻게 변화시켜야 한다고 제안하겠는가? 여러분의 제안과 아래에 제공된 정보를 비교해 보라.

기록물관리자(Records manager): 기록관리 전담부서 책임자

기록물관리자는 보통 직접 기관장에게 보고하지 않고, 임명된 상급 관리자를 경유하여 보고하게 된다. 기록물관리자는, 승인된 목표의 집행 및 결과를 확인하고 정상적인 기반에서 이루어지는 그러한 집행을 평가함으로써, 상급관리자에게 기관의 전반적인 기록관리에 대하여 보고한다.

〈표 6〉은 공공기관 기록관리 전담부서가 그 기관의 구조안에서 어떻게 조직될 수 있는지 보여준다.

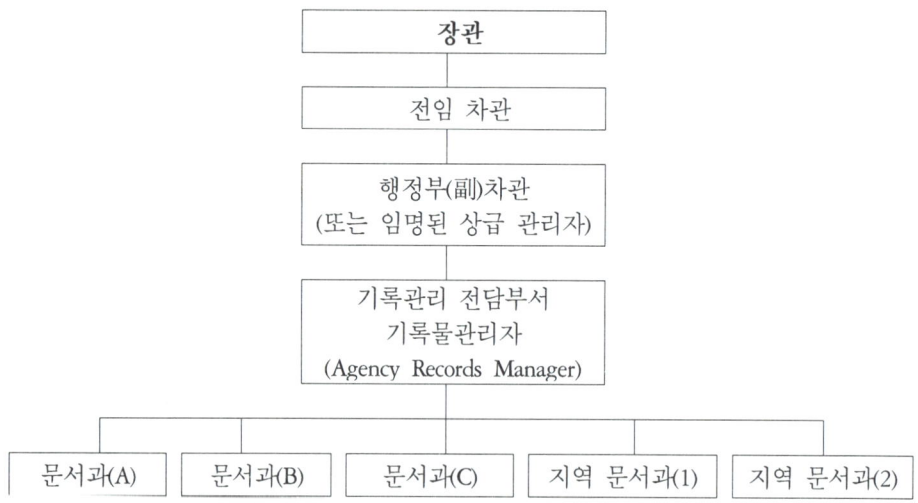

표 6 : 공공기관의 현용기록 관리

기록관리 전담부서는 기록물관리자의 사무실 내에 소수의 직원들로 구성된 하나 이상의 문서과로 구성되며, 이들 문서과가 기록관리부서를 운영해 가는 팔이라고 할 수 있다. 하나의 기관에 필요한 문서과의 수와 내부 구조는 그 기관의 규모와 다음과 같은 지역적인 조건에 따라 달라질 수 있다.

- 기관 내 부서와 조직단위의 수
- 그 부서와 조직단위 및 지역 사무소의 지리적 분산과 지역에 위임된 책임의 범위
- 매년 생산되는 새로운 기록물의 양과 기록물 이동의 양
- 업무담당자 및 기록담당직원의 수
- 기관의 기능과 그 기능의 정치적인 민감도

기록물관리자

기록물관리자는 기관 내 기록관리임무를 책임져야 한다. 따라서 기록물관리자는 다음과 같은 일을 책임져야 한다.

- 문서과의 목표와 목적을 명확히 하고, 정기적으로 재검토한다.
- 문서과 및 개별직원의 수행목표와 산출측정이 일치하도록 하고 감시한다.
- 조직 구조, 업무 방식 및 관리 실무를 실행가능한 정도의 유연성을 지니도록 유지한다.
- 이용자의 만족 측정 및 요구 변화를 확인하기 위하여 이용자(즉, 업무담당자와 그들 관리자)와 정기적으로 상담한다.
- 문서과 내부 및 각 문서과들간에, 그리고 문서과들과 기록물관리자 사이에 분명한 의사 소통체계를 구축하고 개방적으로 운영한다.
- 신속하고 효과적으로 인사문제를 처리하고, 적절한 단계에서 인력 계획에 착수한다.

이 마지막 사항이 중요한데, 그 이유는 기록물관리자가 기관 내 모든 기록물 담당자들의 계열 관리자(line manager)이기 때문이다. 따라서 기록물관리자는 기록관리 직원의 복지, 직원 보고, 목표설정 및 전문적 개발 등과 같은 인사문제에 관여해야 한다. 그리고, 이 역할을 수행하기 위하여 정부 차원에서 기록관리직을 효과적, 효율적으로 고용해야할 책무가 있는 국립기록물관리기관의 장과 협력해야 한다. 불가피하게 기관의 요구와 정부차원의 기록관리 업무의 요구가 경합하여 이 둘의 균형을 맞추어야 할 때, 기록물관리자는 국립기록물관리기관과 중요한 연결역할을 한다.

기록관리 업무를 효과적으로 이행, 전달 및 유지하는데 있어, 기록물관리자는 다음과 같은 어려움에 직면할 수 있다.

- 생애주기에 따른 기록관리의 개념과 기록관리직에 대한 기관 업무담당자들의 초기 지식 부족
- 기록관리직에서 새롭게 경력을 개발해야 하는 기록관리 직원의 확신 부족
- 이중적인 책임구조(기관의 장에게는 계열관리(line management) 책임, 국립기록물관리기관의 장에게는 전문적인 문제에 대한 책임)로 인해 발생하는 이해관계의 잠재적 충돌
- 기관마다 다른 변화의 과정과 속도

기록물관리자의 책임은 공공기관의 규모에 관계없이 같다. 공공기관의 규모에 따라 변하는 것이 있다면 작업부담, 통제의 폭, 책임수준의 차이를 나타내는 기록물관리자의 직급수

문서과

공공기관의 현용기록을 성공적으로 관리하려면, 기관의 기록물관리자와 여러 문서과의 관계가 매우 중요하다. 내부 정비를 통해 가장 효율적, 효과적인 방식으로 현용기록을 관리하도록 해야 한다. 일반적으로 조직 구조에는 문서과의 기능을 반영해야 한다. 문서과에서 수행해야 할 업무는 다음과 같다.

- 수발문서의 처리, 등록 및 편철
- 기록물철의 생산, 분류 및 분류번호 부여
- 기록물철의 보관 및 검색
- 기록물보유 및 처리일정표의 이행

규모가 큰 문서과에서는 업무량이 기능에 엄격히 부합하는 내부 구조로 결정해버리지만, 규모가 작은 문서과에서는 보다 융통성있는 내부 구조를 갖추어야 할 것이다. 물론, 규모가 큰 문서과에서도 각 기능간에 담당직원들을 주기적으로 교체시킴으로써 직무 만족도를 향상시키는 형식으로 이점을 도모할 수 있다.

[연습 26]

이 과에서 제공된 정보를 토대로, 여러분이 기록관리의 조직 구조를 개선시키려 할 때, 우선순위가 높은 4가지 변화를 판단해 보라. 각각에 대하여, 무엇이 변해야 하고 왜 변해야 하는지 설명한 후, 이것의 우선순위가 높아야 하는 이유를 간단히 지적하라.

요약

제3과에서는 정부 내에서 국립기록물관리기관의 위상에 대해 살펴보고, 중심적인 관리 역할을 하는 장관이 국립기록물관리기관에 대한 책임을 행사해야 한다고 제안하였다. 또한, 다음과 같은 책무를 띤 3부서의 기능을 토대로, 국립기록물관리기관 본부의 조직 구조를 논의하였다.

- 현용기록
- 준현용기록과 영구기록
- 지원 업무
- 지역에서 위의 구조 복제

또 공공기관의 현용기록을 관리하기 위한 조직 구조를 논의하였다.

학습문제

1. '조직 체계(organizational framework)'란 무엇이며, 조직 체계가 중요한 이유를 나름대로 설명하라.
2. 국립기록보존소를 단지 문화기관으로서만이 아니라 정부를 움직이는 핵심 기관으로 생각해야 하는 이유는 무엇인가?
3. 조직에서 정비와 변화를 고려한다고 할 때, 어떤 문제가 발생할 수 있는가?
4. 국립기록물관리기관 본부의 이상적인 역할은 무엇인가?
5. 조직을 정비할 때, 본부뿐만이 아니라 지역까지도 다루어야 하는 이유는 무엇인가?
6. 본부와 지역 사이에 바람직한 업무관계를 유지하고 효율적으로 업무를 수행할 수 있는 방법은 무엇인가?
7. 공공기관에서 '비용면에서 효과적인' 업무를 수행하기 위하여 문서과를 정비하고자 한다면, 무엇을 변화시켜야 하는가?
8. 공공기관과 기록업무 사이에서 팀접촉의 개념을 설명하라.
9. 정비과정 중 한 부서 내에서 지원팀의 중요 책임을 설명하라.
10. 조직 구조를 점검할 때 다루어야 하는 국립기록보존소의 4가지 중요 기능을 말해 보라.
11. 기록관리기관의 '고객위주'의 관리 개념을 설명하라.
12. 기록관리기관에서는 누가 정보기술 업무 프로그램 결정에 대한 책임을 져야하는지, 그 이유는 무엇인지 설명하라.
13. 총괄지원 부서의 역할을 설명하라.
14. 기록관리기관에서 기록물을 효과적으로 관리하려면, 공공기관 기록물의 생산·접수 방법부터 변화가 필요하다. 그 이유는 무엇인가?
15. 문서과 정비란 무엇인가? 정비과정에서는 어떤 단계를 밟아야 하는가?
16. 기록관리 전담부서의 목적은 무엇인가?
17. 기록물관리자의 역할은 무엇인가?
18. 기록물관리자의 5가지 중요 의무를 개관해 보라.
19. 문서과의 중요 책무 4가지를 명시해 보라.
20. 정부 내에서 국립기록물관리기관의 위치를 좌우하는 3가지 중요포인트를 명시하라.

연습: 조언

연습 17-26

연습 17-26은, 여러분 기관의 현상황, 자신의 신념 및 지식을 이 과에서 제공된 정보와 비교하는 데 비중을 두었다. 어떠한 질문에 대해서도 '옳거나' '틀린' 답은 없지만, 각 연습에 대하여 주의 깊게 생각해야 하고, 여러분의 조사결과를 이 과의 관련 부분과 비교·대조하여 재검토해야 하며, 이 모듈에서 제안하려는 여러 기반사항을 이해하는 것이 중요하다.

직원 구조

제4과에서는 공공부분 기록관리의 생애주기 개념을 뒷받침해주는 직원 구조를 소개하고 설명한다. 생애주기에 따라 기록물을 관리하는데 필요한 법률상의 변화(제2과를 보라)와 조직 구조(제3과를 보라)는 다음과 같은 직원들의 지원을 받아야 한다.

- 필요한 체계와 절차를 효율적, 효과적으로 이행하고 유지할 수 있는 직원
- 적절하게 교육받은 직원
- 기록관리 분야에서 전문가로 인정받은 직원

직원의 질을 높이는 한가지 방법은 공공기관, 국립기록물관리기관의 본부 및 지역사무소의 모든 기록관리 종사자들을 고유의 업무 체계를 가진 기록관리직(a records class) 또는 기록관리기간요원(records cadre)과 같은 단일 직원 구조로 만드는 것이다.

기록관리직의 존재 여부와 조직 방법에 대한 최종 결정권은 일부 다른 공공업무기관(예를 들면, 공공업무위원회)에 있을 수도 있다. 그러나, 새로운 국립기록물관리기관의 고위 관리자는 기록관리직이 어떻게 조직되어야 하는지 전문관리자다운 견해를 올바로 제시할 수 있어야 한다.

이 과는 다음과 같은 주제를 다룰 것이다.

- 범 정부차원의 단일 기록관리직 구축
- 그 기록관리직을 관리하기 위한 업무체계(a scheme of service) 개발

1. 기록관리직이란 무엇인가?

기록관리직 또는 기록관리 기간요원의 목표는, 다양한 관련 기능들을 효과적으로 수행할 수 있는 숙련된 통합 직원 구조를 구축하는 것이다. 숙련의 조건은 요구되는 교육 기준, 훈련, 경험 수준, 그리고 필요한 경우 실제 전문지식을 판단할 수 있는 명확한 정의가 요구된다.

생애주기에 따른 기록관리는 현용기록, 준현용기록 및 영구기록과 관련된 일련의 기능들을 결합시킨다. 여기에 기록관리직을 도입하게 되면 통합적이면서도 유연성있는 구조가 창출되어, 기관, 자료관, 기록관리기관의 기록관리 종사자들이 가장 효율적이고 효과적인 방식으로 기록물을 관리하기 위해 상호 협력할 수 있는 체제가 될 것이다.

[연습 27]

여러분의 정부나 기관에는 특정한 기록관리직 제도를 갖추고 있는가? 갖추고 있다면, 어떻게 기록관리직이 조직되고, 누가 기록관리직에 포함되며, 그 기관에서 어떻게 기록관리직이 관리되고 있는지 간단히 서술하라.

만일 갖추지 못했다면, 여러분의 정부나 기관에서는 기록관리 업무가 어떻게 분류되고 있는지 간단히 설명하라.

---

2. 업무체계란 무엇인가?

업무체계(Scheme of service): 공공업무의 특정한 직업층(occupational class)에 대해 상세한 설명과 함께 기본틀을 보여주는 기록.

개별업무체계는 광범위한 일반사무직 및 산부규율 다루는 것일 수도 있고, 회계, 통계, 또는 기록관리와 같은 보다 전문적인 영역을 다루는 것일 수도 있다.

하나의 업무체계는 일련의 관련 기능들을 망라하는 직급 체계를 설정한다. 그리고 책임, 임용자격조건, 경력 관리 및 필요한 훈련 등과 관련하여 각 직급의 자격을 정의한다.

> **자격(Competencies):** 수행해야 할 업무의 범위와 관련하여 한 개인이
> 갖추고 있는 지식, 숙련 및 경험의 수준.

보통, 업무체계를 설정하기 위한 규정과 절차는 공무원법과 같은 일반 법률에서 다루어져야 한다. 그러나 그것은 반드시 공공업무위원회(Public Service Commision)나 그에 준하는 수준, 그리고 관련 공공기관의 고위 공무원과 협의해야 한다.

[연습 28]

여러분의 정부나 기관에는 기록관리직의 구체적인 업무체계가 세워져 있는가? 그렇다면, 업무체계가 어떻게 조직되어 있는지, 누가 기록관리직에 포함되고, 기관에서는 어떻게 업무체계를 관리하고 있는지 간단히 서술하라. 만일 갖추지 못했다면, 여러분의 정부나 기관에서는 기록관리종사자들을 어떻게 분류하고 있는지 간단히 설명하라.

---

3. 기록관리직의 업무체계 구축

기록관리는 정부 업무의 모든 측면을 뒷받침해주는 중요한 기능을 한다. 그러나 흔히 그것을 소홀히 다루는 경향이 있다. 기록관리 영역이 공공 업무의 효율성과 유효성에 결정적인 영향을 미친다는 것을 알아야 할 것이다. 아직도 많은 나라에서는 현용기록, 준현용기록 및 영구기록을 각각 관리하고 있고, 국립기록보존소는 보통 영구기록관리의 전통을 내세울 수 있다. 그러나 이것도 현용기록과 준현용기록을 형편없이 관리하거나 전혀 관리하지 않아 새로이 이관할 기록묶이 없게 되며, 영구기록을 보존하는 곳이라고 말하기 어려울 것이다.

이에 대한 해결책은 생애주기에 따른 기록관리 방식을 개발하여, 공공기관, 자료관, 그리고 기록관리기관이 관리 연속성의 원칙에 따라 상호 연계하여 관리하도록 하는 것이다.

- 문서과와 자료관을 정비함으로써, 현용기록과 준현용기록을 효율적·효과적으로 관리할 체계와 절차를 세운다.

정부 기록관리의 전반을 망라하는 기록관리직의 업무체계 구축은 통합적인 국가기록관리체계의 토대가 될 것이다. 따라서 생애주기 접근에 있어 업무체계도 하나의 핵심 요소라고 할 수 있다.

문서과의 직원과 기록관리기관의 전문요원이 서로 다른 업무체계를 갖는다면, 생애주기에 따른 기록물 관리의 효과가 희석될 것이다. 또 통제력이 분산되고 특정의 업무 영역에 대한 책임과 책무가 모호해진다. 결국, 통합적인 접근이 되지 않고 특정 조직의 이해관계가 우선될 것이며, 이것은 기록관리 전반의 효율성과 유효성에 영향을 미칠 것이다.

통합된 기록관리직의 단일 업무체계는 다음과 같은 주요 특징이 있다.

- 공공기관과 국립기록물관리기관의 기록관리종사자를 포괄하는 체계
- 모든 기록관리 전문가와 준(準)전문가를 포함한 통합 구조
- 전 생애주기에 걸쳐 기록물을 관리하기 위한 강력한 인력 기반
- 기록관리종사자가 공공기관 및 국립기록물관리기관 내에서 또는 상호간에 이동할 수 있는 인력수급, 임명 또는 승진체계
- (기본적으로 교육적 요건, 전문적 요건이 맞는다면) 일정한 수준에서 기록관리직의 경계를 넘나들 수 있는 기회
- 전문적인 지침과 교육

기록관리직(a record class)을 도입한다는 것은 정부차원에서 통일된 표준, 절차 및 작업의 질을 마련함으로써 기록관리체계를 강력하게 통제하고자 한다는 것을 의미한다. 기록관리직을 도입하면, 다음과 같은 이점이 있다.

- 정확하고 신속한 기록물 검색
- 현장공무원들의 의사결정 개선
- 비용 감소
- 생산성 증가
- 업무 시간 및 자료의 중복 감소
- 처리과 시설에 기록물철을 보관할 필요 감소

업무체계의 목적

업무체계의 주요 목적은 먼저 정부차원에서 효율적이고 효과적인 기록관리체계를 실시하는 것이고 다음으로 그것을 전달하는 것이다.

종종 현용기록과 준현용기록의 관리가 소홀한 경향이 있다. 결과적으로 서류와 파일들이 분실되고 사무실에는 파일들이 넘치게 되며 평가와 처리과정은 비효율적이거나 아예 생략되기도 한다. 업무체계가 설정되어 있다고 해서 이러한 문제들에 대해 쉽고, 즉각적인 해결책을 제시하지는 못할 것이다. 그러나, 업무체계의 목적은, 구조와 체계에 대한 다른 변화들과 연계하여, 미래에 기록물을 효율적, 효과적으로 관리하기 위한 틀을 제공하는데 있다.

기록물을 지속적으로 생애주기에 따라 성공적으로 관리하려면, 열정, 추진력, 통찰력을 소유한 직원을 확보하는 것이 필수적이다. 이것은 명확한 업무 설정, 효과적이고 현실적인 경력 관리, 강력한 전문 지도가 이루어진다면 가능하다. 이러한 토대 위에 또 하나 중요한 것은 공공기관 계선 관리자들(line managers)이 어떻게 업무체계를 이행해야 할 지, 생애주기에 따른 통합 기록관리가 실제 무엇을 의미하며, 또 그것이 정부와 공공기관의 전략적 목적을 달성하는데 어떻게 공헌할 수 있는지 분명하게 이해하고 있어야 한다는 점이다.

[연습 29]

여러분의 정부나 기관에서 기록관리직의 업무체계를 제정 또는 개정할 때, 자신을 제안자라고 상상해 보라. 업무체계란 무엇이며, 그것이 왜 훌륭한 기록관리에 중요한지, 그리고 그러한 제안을 이행하기 위해 기관에서 취해야 할 조치 등을 제안문의 형태로 간략히 작성해 보라.

업무체계의 개념

기록관리직의 업무체계는 2가지 기본 개념을 갖고 있다.

각 직급에 따라 현실적인 자격조건(교육, 훈련, 숙련 및 경험)을 정해두는 것이 중요하다. 구체적인 자격 요건은 다음과 같은 사항을 명확하게 제시해 준다.

- 현용기록, 준현용기록 및 영구기록의 업무에 필요한 각각의 자격
- 분야별 진로
- 승진의 기준

업무체계의 도입

보통, 공무원의 신설 직(기록관리직)을 마련하기 위해서 1차 법률까지 필요한 것은 아니다. 그러나, 국가기록관리체계를 새롭게 구축하는 것 자체가 새로운 법률을 필요로 하거나 법의 개정을 요하므로 그 법령에 기록관리직의 도입을 포함할 수 있는 기회가 주어진다. 이처럼 신법에서 직원 규정을 다루게 되면, 이행과정에 필요한 시간을 단축할 수 있고, 종합적인 변화의 신호탄이 될 수 있다. 한편, 입법과정은 상당한 시간이 걸릴 수 있다. 그러므로 이 경우에는 현행 일반법에 따라 행정적 조치를 취하는 것이 더 빠를 것이다.

기록관리법은 제2과에서 더 자세하게 다룬다.

이원적 관리 기능

국립기록물관리기관의 장과 공공기관의 장의 관리 역할은 명확히 구분할 필요가 있다. 국립기록물관리기관의 장은 기록관리직의 전문 책임자로서 처신해야 한다. 그는 각 공공기관의 장들과 협의하여 다음과 같은 것들을 가능하도록 해야 한다.

- 정부차원에서 기록물을 효율적, 효과적으로 관리할 체계와 절차를 정착시킨다.
- 기록관리직 내 직급별 자격이 향후에도 정확성과 타당성을 유지하도록 정기적으로 검토한다.
- 공공기관, 자료관 및 기록관리기관에서 근무하는 기록관리 직원의 직업적 목적을 세우고 감시한다
- 모든 기록관리 직원이 적절한 훈련을 받고, 기록관리직에서 경력을 개발·발전시키기 위해 상담할 수 있도록 조치한다
- 기록관리의 임무에 대해 충고, 지도 및 지원한다.

공공기관의 장들은, 국립기록물관리기관의 장과 협력하에, 기록관리 직원에게 영향을 주는 기관 전반의 관리직무에 책임을 진다. 공공기관의 장의 관리 역할은 다음과 같다.

- 기록관리 직원이 적절한 전문교육, 기술교육, 관리교육을 받을 수 있도록 업무로부터 해방시켜준다.
- 성과, 규율, 출근을 감시한다.
- 복지, 광범한 경력개발, 연가 처리에 대해 규정한다.
- 선발 및 채용과정에 참여한다.

4. 기록관리직

이 부분은 『기록관리직의 업무체계 모델』 편람과 함께 학습해야 한다. 다음에 나오는 많은 연습문제들을 해결하기 위해서는 위의 편람과 이 과에 제공된 정보를 동시에 검토해야 할 것이다.

[연습 30]

이 시점에서, 이상적인 기록관리직 체제에서 직원이 수행해야 할 구체적인 책무를 적어도 6가지 써 보라.

마친 후에는 이 과를 계속 읽어가면서, 『기록관리직의 업무체계 모델』에서 제공된 정보와 여러분의 생각을 비교해 보라.

기록관리직의 기능

기록관리직의 기능은 생애주기의 각 단계에서 기록물을 효율적, 효과적으로 관리하는 것이다. 여기에는 기록관리 업무의 기술적 숙련과 관리 전반의 숙련이 모두 필요하다. 기록과 업무체계의 강점은 현용기록, 준현용기록, 영구기록에 대한 다양한 책무를, 세 가지 작업 영역에 걸쳐 적용될 수 있는 하나의 통합된 직무구조로 연결해준다는 점이다. 또 이것은 하나의 통합 구조, 공통의 기준, 절차 및 작업의 질을 제공하고 유지함으로써 기록물이 생애 주기에 걸쳐 효율적이고 효과적으로 관리될 수 있도록 해준다.

[연습 31]

더 나아가기 전에, 직급별로 기록관리 직원의 필수 임무를 간단히 서술해 보고, 기록 관리직에 포함시켜야 한다고 생각하는 지위나 '직급'을 최소한 4가지 써보라.

마친 후에는 이 과를 계속 읽어가면서, 『기록관리직의 업무체계 모델』에서 제공된 정보와 여러분의 생각을 비교해 보라.

기록관리직의 구성

역사적인 이유로, 공무원의 직급수가 늘어나 종종 직급별 차이를 구분하기 어렵게 되었다. 그러나, 일반적인 공무원 문화가 허락하는 한, 8등급으로 제한된 기록관리직 구조로 공공기관의 문서과, 자료관, 기록보존소, 국립기록물관리기관의 지부나 지소의 광범위한 임무를 충분히 수행할 수 있을 것이다. 따라서, 다음과 같은 것들이 가능해지려면, 직급의 수를 위의 수준으로 유지하는 것이 중요하다.

- 업무와 책임의 중복을 피한다.
- 업무가 적절한 직급 수준에서 수행되도록 한다.
- 작업량을 적절히 부과한다.
- 관리 직급의 수를 적절히 갖춘다.
- 교육적, 전문적인 요구들이 불분명해지는 것을 막는다.
- 승진의 전망과 경력의 관리가 현실적이고 처리가능하다.

직급화

기록관리직의 직급은 번호를 부여함으로써 가장 쉽게 확인할 수 있다.(『기록관리직의 업무체계 모델』에서는 1부터 8까지 번호를 부여하고 있다) 직급에 번호를 부여한 경우, 신입 직원의 오름차순인지 내림차순인지의 여부는 지역의 상황에 따라 달라질 수 있다. 또한, 각 직급에 '부기록관리관(assistant records and archives officer)'과 같이 호칭을 부여하는 것도 좋다. 그러나, 업무의 목적에 따라, 현용기록 또는 준현용기록을 관리하는 직원을 '기록관리관(assistant record officer)', 영구기록을 관리하는 직원을 '영구기록관리관(assistant archives officer)'처럼 각자의 업무영역에 관계된 좀 더 구체적인 호칭을 부여할 수도 있다.

기록관리 직원의 보수와 직급을 기존의 공무원의 체계로 통합시키려면, 일반 직급과 연결시켜야 한다.

직급의 수는 지역의 상황에 따라 어느 정도 달라질 수 있다. 그러나, 최근의 직급구성에 관한 연구들을 보면, 책무, 권한, 그리고 독립적으로 활동할 수 있는 자유를 기반으로 하여 다음과 같은 5차원의 책임만을 인정하고 있다.

1. 총괄 : 관리와 정책 영역의 전반적인 책임(국립기록물관리기관의 장)
2. 정책 결정 : 자신의 영역의 업무절차를 변화시킬 수 있는 권한을 가지고 광범위한 업무 영역의 정책 및 전략을 계획하는 책임(국립기록관리기관의 부서장)
3. 정책 적용 : '지역적인' 전략과 접근을 세우는 책임(공공기관 기록물관리자)
4. 업무 대응 : 각각의 새로운 상황에 따라 약간의 주도권을 행사(영구기록을 정리하고, 기술하는 기록관리 전문가)
5. 예정업무 처리 : 자신의 재량으로 거의 해석하거나 행사할 필요가 없는 대체로 완전히 예정된 활동(등록계원)

많은 공직에서 볼 수 있는 긴 직급구조를 위와 같은 틀에 맞추기는 어렵다. 또한, 각 직급의 임무에 맞게 충분한 특성을 살려 정의하는 것도 어렵다. 그러나 『기록관리직의 업무체계 모델』에서 제안된 8단계의 직급을 다음과 같이 일치시킬 수 있다.

1단계 = 1급
2단계 = 2, 3급
3단계 = 4급
4단계 = 5, 6급

이 틀안에서 각각의 직위에 대해 구체적인 책임 즉, 기록관리직 안에서의 관계, 인사, 훈련 및 계선관리 규정, 업무수행 기준 등을 보여주는 세부적인 직무설명이 이루어질 수 있다. 이를 통해 기록관리직의 관리자와 직원은 다른 분야의 공무원들간의 연관관계뿐 아니라 직책은 다르지만 동일한 책임을 지녔음을 이해할 수 있다.

[연습 32]

다음과 같은 지위에 있는 사람들이 원활히 업무를 수행하려면, 어떤 학력 및 경력 조건을 갖추어야 한다고 생각하는가?

- 기록관리 책임자
- 기록관리 간부
- 기록관리 일반직원
- 기록관리 보조직원

이 과를 계속 읽어가면서, 『기록관리직의 업무체계 모델』에서 제공된 정보와 자신의 생각을 비교해 보라.

충원과 경력관리

통합적 기록관리체계는 현용기록, 준현용기록 및 영구기록의 업무 영역에서 직원의 충원, 이동이라는 면에 가장 유연하다. 또, 이러한 체계는 공통의 기준, 절차 및 질을 유지할 수 있도록 해준다. 이런 접근 방식은 경력 개발과 발전, 업무 만족, 직원 보유를 할 수 있는 최선의 기회를 제공하고, 무엇보다 기록관리 전반의 책무를 수행할 수 있는 경험 있고, 전문성을 갖춘 인력 기반을 구축하는 데 가장 좋다.

바람직한 체계는 다음과 같은 것이 가능하다.

- 자격에 따른 직급 배정
- 직접적인 현장 업무 배정
- 직업 표준 수립
- 정식 교육과 현장 경험의 제공을 통한 경력 개발
- 능력과 성과에 따른 공정한 승진 절차

기록관리직의 교육

　　업무체계를 도입하기 전에, 다양한 형태의 교육프로그램을 개설해야 한다. 그러므로, 교육과정의 수준과 내용에 대해서 미리 협의해야 하고, 3년마다 순환하는 교육프로그램을 개발할 필요가 있다.

　　교육은 하나의 지속적인 과정으로 간주되어야 하고, 기록관리 직원들의 전문성을 향상시키고 경력을 발전시키는 한 부분으로서 그들과 함께 정기적으로 검토되어야 한다. 교육프로그램의 내용은 예산이나 여타 자원의 제약을 고려하여 결정해야할 것이다.

요약

제4과에서는 『기록관리직의 업무체계 모델』과 함께, 다음과 같은 주제를 다루었다.

- 정부 차원에서 단일 기록관리직 구축
- 기록관리직 관리를 위한 업무체계 개발

또한, 기록관리 직원의 기능, 구성, 의무, 경력관리 및 교육에 대하여 개관하였고, 『기록관리직의 업무체계 모델』에서는 실제 그것들을 어떻게 정의해야 하는지 구체적인 예를 제공하였다.

학습문제

1. 기록관리직의 개념을 설명하라.
2. 기록관리직의 주요 목적은 무엇인가?
3. 기록관리직은 왜 기록물을 생애에 걸쳐 관리하도록 촉진시키는데 도움이 되는가?
4. 업무체계의 개념을 설명하라.
5. '자격(competencies)'이란 무엇인가?
6. 하나의 통합된 기록관리직(a uniform records class)의 단일 업무체계가 생애주기에 따른 기록관리에 중요한 이유를 설명하라.
7. 하나의 통합된 기록관리직의 3가지 장점을 서술하라.
8. 기록관리 직원을 임용하는데 있어, 현실적인 자격요건이 중요한 이유는 무엇인가?
9. 국립기록물관리기관의 장이 수행해야할 기능을 최소한 3가지 명시하라.
10. 공공기관의 기록물관리자가 수행해야할 기능을 최소한 3가지 서술하라.
11. 기록관리직의 기능은 무엇인가?
12. 기록관리직 체계에 각각의 직급을 두어야 하는 이유를 제시하라.
13. 직급화에 관한 연구에서 보여준 5가지 책임 수준을 각각 설명하라.
14. 기록관리직과 그 업무체계를 결정할 때 고려해야 하는 충원 및 경력 관리에 관련된 4가지 문제를 서술하라.
15. 교육과정의 표준화를 도모하는 것이 기록관리직의 성공에 중요한 이유를 설명하라.

연습: 조언

연습 27-33

연습 27-33은, 이 과에서 개관된 견해 및 제안과 여러분 기관의 직원 구조 현실을 비교하는데 비중을 두었다. 질문에 대한 '옳고' '틀린' 답은 없지만, 기록관리직 체계의 가치와 잘 짜여진 업무체계의 중요성을 알아야 한다. 2가지 모두 생애주기에 따른 기록관리의 촉진 요소이기 때문이다.

비록, 여러분이 자신의 힘으로는 변화시킬 수 없는 지위에 있다해도, 자신의 조직체계에서 무엇이 변화·개선되어야 할 지 좀 더 알고 싶다면, 이 과에서 제시된 견해들을 충분히 이해하기 바란다.

다음에는 무엇을 할 것인가?

이 책『기록관리 인프라 개발』에서는 적절한 기반구조가 공공기관의 기록관리 체계와 업무를 규정하는 데 매우 중요하다고 강조하였다.

또한, 다음과 같은 주제에 관련된 원칙과 실무에 대하여 개관하였다.

- 법률 체계
- 조직 구조
- 직원 구조

1. 실무를 위한 우선순위 설정

이 모듈에서는 공공기관의 기록관리 체계와 업무를 규정하는 데 필요한 기반구조를 소개하였다. 그런데, 맨 먼저 어떤 과업을 수행해야 하는가? 어떤 것이 우선순위가 높고, 어떤 것이 낮은가? 각 기관마다 현재의 개발상태, 필요 및 장·단기 계획에 따라 상이한 결정을 내릴 것이다. 하지만, 기관에서 상황에 적절한 기반 구조를 개발할 수 있도록 해줄 활동에 대하여 몇 가지 조언은 할 수 있다. 다음 연습문제를 풀고, 여기서 나온 제안을 생각해 보라.

[연습 34]

이 시점에서 여러분 기관의 상황을 생각해 보라. 이 모듈 전반에 걸쳐 여러분이 했던

우선 1순위 : 현재의 기반구조 확인

이 단계는 주로 여러분의 나라가 어떤 상황인지 알아보는 과정이다.

- 어떤 법률이 공공기관의 기록물을 통제하는가?
- 어떤 기관들이 공공기록물을 관리할 책임이 있는가? 그들 각각의 책임이란 무엇을 말하는가?
- 기록관리 기능을 수행하려면, 어떻게 그 기관들을 조직해야 하는가?
- 기록관리 기능에서 파생된 과업을 수행하려면, 기관에서는 어떤 직원을 고용해야 하는가?

우선 2순위 : 현재의 기반구조 평가

이 모듈에서 제시하고 있는 원칙과 실무에 입각하여, 현재의 기반구조를 검사하고 어떤 강점과 약점이 있는지 판단해 보라.

- 현재, 공공기록물의 관리 수준은 어떠한가? 부적절한 곳이 있다면 어디인가?
- 기록관리업무의 영역에서 책임이 중복되는 곳이 있는가?
- 반대로, 어떤 기관에서도 책임을 맡지 않은 영역이 있는가?
- 그 기관들은 각각의 기록관리 기능을 수행하는 데 있어 효과적인가?
- 기록관리 직원은 자신의 과업을 적절히 수행하는 데 필요한 자격을 갖추고 있는가?

우선 3순위 : 적절한 기반구조 확립 계획

현재 기반구조의 강점과 약점을 알았으면, 그것들을 개선하거나 대체시키기 위한 계획을 세울 수 있다. 그 계획에는 다음과 같은 것들이 필요하다.

- 생애주기에 의거한 기록관리의 이점을 인식하고, 그것을 실행하거나 강화할 계획을 강력하고 활발하게 지원해줄 후원자 및 후원자의 지지
- 변화 결과를 관리할 전략의 개발
- 비용이 산정된 프로젝트 계획의 준비 및 적절한 기록관리 체계의 업무 도입과정의 관리 계획구조 구축
- 이용가능한 추가 자원이 적거나 없다는 전제하에 생애주기에 따라 공공기록물을 관리하려 할 때, 기반구조 구축의 우선순위 결정
- 어떤 구조로 바꿀 수 있는지, 어떤 것들이 처음부터 만들어져야 하는지 확인

프로젝트의 계획과 관리는 『기록관리의 인적·물적 자원』에서 더 자세히 다룬다.

우선 4순위 : 공공기관의 기록관리에 대한 규정 확립

공공기관의 기록관리를 효과적으로 개발하려면, 무엇보다도 생애주기에 따라 기록물을 관리할 수 있도록 포괄적인 법률의 형태로 규정해야 한다. 이 목표를 달성하는 데 어떤 법률적 변화가 필요한 지, 이것이 현행 법률을 개정함으로써 가능한 지 또는 새로 제정해야 하는 지 결정하라.

우선 5순위 : 조직 구조와 직원 구조 개발

그 기록관리법을 토대로 다음과 같은 것들을 구축해 나갈 수 있을 것이다.

• 공공기관의 기록관리업무를 위한 효과적인 조직 구조
• 기록관리업무를 수행할 직원의 적절한 업무체계

우선 6순위 : 기록관리 기반구조 확립

이용가능한 인적·물적 자원을 전략적으로 관리함으로써 적절한 기반구조를 확립해야 한다. 그 방법에 대해서는 이후의 두 모듈(『기록관리의 전략계획』과 『기록관리의 인적·물적 자원』)에서 다룬다.

2. 도움을 받을 수 있는 곳

많은 기관이, 특히 개발도상국에서는, 적절한 기록관리 기반구조 구축에 대한 접근이 제한되어 왔다. 그러나, 좀 더 많은 정보를 얻거나, 도움을 받을 곳도 있다.

측면에 대해 조언해줄 것이다.

Attorney General's Office / Parliamentary Draughtsman 법무장관실/의회 입안자
입법을 위한 부문별 요구 측면.

Ministry responsible for the civil service / Public Service Commission 행정 장관/공공업무위원회
조직 구조와 직원 구조에 관한 부문별 실무 측면.

National Institute of Public Administration 국립 공공행정 연구소
교육, 자문 및 관리에 대한 문헌 측면.

국제기관

다음과 같은 국제기관이 도움을 줄 수 있다.

Commonwealth Association for Public Administration and Management(CAPAM)
공공행정과 관리를 위한 국가연합

Suite 402-1075 Bay Street

Toronto, Ontario

Canada, M5S 2B1

Tel: +1 416 920 3337

Fax: +1 416 920 6574

Email: capam@compuserve.com

Website: http://www.comnet.mt/capam/

CAPAM의 목표는 관리자의 능력 향상과 정부 조직의 우수성을 발휘하기 위하여 국가가 협력하는 것이다. CAPAM은 선출된 고위 관리자, 학회원, 비정부기관 사이에 네트웍을 구축하므로서, 정부내 관리상의 신개발과 혁신에 대한 경험을 주고받는다. CAPAM은 정부 행정의 가장 실제적인 정보를 신속하게 이용할 수 있게 해준다.

International Council on Archives / Committee on Archival Legal Matters(ICA/CLM) 국제기록평의회/기록관리법 관련 위원회

60, rue des Francs-Bourgeois

75003 Paris, France

Tel: +33 0 1 40 27 63 06

Fax: +33 0 1 42 72 20 65

Email: 100640@compuserve.com

Website: http://www.archives.ca/ICA/

ICA는 세계 도처의 기록물 업무를 담당하는 주요 국제기구이고, CLM은 국제법, 기록물 공개, 비공개 및 지적소유권과 관련된 기록관리법 및 관련 법률 영역에서 조사와 연구를 수행한다. 또한, CLM은 전문적인 조언과 초안 기준 및 모델을 제공해주며, 이 영역에서의 견해와 경험을 주고받도록 해준다.

[연습 35]

여러분의 기관에서는 위에 열거한 기관에 대한 정보를 갖고 있는지 조사해 보라. 간행물을 수령하고 있는가? 회의에 참석하고 있는가? 또는 이들 중 어떤 기관과 다른 사업을 함께 하고 있는가?

여러분의 의견에, 우선 어떤 기관과 교류해야 한다고 생각하는가? 그리고, 그 교류를 통하여 무엇을 얻기를 기대하는가? 어떻게 생산적인 유대관계를 만들어 갈 것인가?

---

3. 보충자료

일반적인 관리나 특수 분야의 관리 이론 및 실무에 대해서는 이용할 만한 출판물이 많다. 그 중에는 다른 것보다 쉽게 얻을 수 있는 것도 있고, 최신의 것도 있다. 그러나, 세계에 아직 유포되지 않은 최신 출판물보다 오래된 출판물이 더 가치있는 정보를 담고 있을 수도 있으며, 특정 국가나 지역의 도서관에서 쉽게 찾을 수도 있다. 한편, 다음과 같은 출판물을

관리

* Brasdher, JG, ed. *Managing Archives and Archival Institutions*. Chicago, IL:Society of American Archivists, 1991.

  Evans, Frank B and Eric Ketelaar. *A Guide for Surveying Archival and Records Management Systems and Services: A RAMP Study*(RAMP Study PGI-83/WS/6). Paris, FR:UNESCO, 1983.

  Lock, Dennis, ed. *The Gower Handbook of Management*. 4th ed. Aldershot, UK:Gower, 1998.

* Vaughan Anthony. *International Reader in the Management of Library, Information and Archives Services*.(RAMP Study PGI-87/WS/22). Paris, FR:UNESCO, 1987. Available electronically through the UNESCO website.

표준

  Rhoads, James B. *The Applicability of UNISIST Guidelines and ISO International Standards to Archives Administration and Records Management: A RAMP Study*.(RAMP Study PGI-82/WS/4). Paris, FR: UNESCO, 1982. 95p. (F), (S)

  Roper, Michael. *Directory of National Standards Relating to Archives Administration and Records Management: A RAMP Study*.(RAMP Study PGI-86/WS/16). Paris, UNESCO, 1986.

  Standards Australia. *A/NZS 4360 Australian/New Zealand Standard: Risk Management*. Homebush, NSW, AUS: Standards Association of Australia, 1995.

기록관리 개발

  International Council on Archives. 'Pan-African Conference on Archival Policies and Programmes in Africa.' *Janus* 1996, vol. 1.

  International Council on Archives. 'Inter-regional Conference on Archival Development, Tunis, 1995.' *Janus* 1996, special issue.

  Mazikana, Peter C. *Archives and Records Management for Decision Makers: A RAMP Study*.(RAMP

Study PGI-90/WS/8). Paris, FR: UNESCO, 1990. Available electronically through the UNESCO website.

* Rhoads, James B. *The Role of Archives and Records Management in National Information Systems: A RAMP Study.*(RAMP Study PGI-89/WS/6). Paris, FR: UNESCO, 1989. Available electronically through the UNESCO website.

기록관리법

International Council on Archives. 'Archival Laws and Regulations since 1970'. *Archivum* 28(1982).

International Council on Archives. 'Archival Legislation 1981-1994: Albania-Kenya'. *Archivum* 40(1995)

International Council on Archives. 'Archival Legislation 1981-1994: Latvia-Zimbabwe'. *Archivum* 41(1996)

International Council on Archives, Committee on Archival Legal Matters. 'Principles for Archival and Current Records Legislation'. *Janus* 1997, vol.1.

* Ketelaar, Eric. *Archival and Records Management Legislation and Regulations: A RAMP Study with Guidelines.*(RAMP Study PGI-85/WS/9). Paris, FR: UNESCO, 1985.

Peterson, Trudy H and Gary Petersons. *Archives and Manuscripts: Law.* Chicago, IL: Society of American Archivists, 1985.

[연습 36]

여러분의 기관에 있는 도서관이나 자료실을 점검해 보라. 기반구조에 관한 어떤 책이나 자료를 소장하고 있는가? 위의 목록에 있는 출판물 중, 여러분의 기관에서 이용할 수 있는 것은 어느 것인가? 유용한 출판물이 있다면, 두세 종의 문헌을 골라, 그 시의성

요약

제5과에서는 『기록관리 인프라 개발』 전체 모듈을 개관하였다. 그리고, 실무를 위한 우선 순위를 어떻게 정할지 논의하였고, 다음과 같이 주요 우선 순위를 제안하였다.

- 우선 1순위 : 현재의 기반구조 확인
- 우선 2순위 : 현재의 기반구조 평가
- 우선 3순위 : 적절한 기반구조의 확립 계획
- 우선 4순위 : 기록관리업무에 대한 규정 확립
- 우선 5순위 : 조직 구조와 직원 구조 개발
- 우선 6순위 : 기록관리 기반구조 확립

또한, 이 과에서는 추가 정보를 찾거나 기반구조와 관련된 주제에 관하여 도움을 얻을 방법을 개관하였다.

마지막으로, 기반구조에 적합한 가치 있는 정보에 대한 논의로 결론을 맺었다.

학습문제

1. 여러분 나름대로, 이 과에서 제시한 우선 순위가 왜 이런 순으로 매겨졌는지 그 이유를 설명하라.
2. 이 과에서 제시한 기관 중 여러분이 우선 접촉하고자 하는 두 기관을 적시하고, 이유를 설명하라.
3. 이 과에서 제시한 출판물 중, 여러분이 우선 구매하고자 하는 두 출판물을 적시하고, 그 이유를 설명하라.

연습: 조언

연습 34

각 조직, 정부 및 공공기관에 의해 설정된 우선 순위는 자체의 특수한 필요와 관심에 따라 상이할 것이다. 그러나, 단기간에 너무 많은 것을 이루려고 애쓰거나 환경을 적절하게 평가하지 않고 조치를 취하는 것보다는 시간이 소요되더라도 전체 상황을 평가한 후 가장 적합한 조치를 취하는 것이 현명하다.

연습 35

자원이 제한되어 있다면, 우선 국가별 기관과 교류하는 것이 좋다. 왜냐하면, 그런 광범위한 국가 차원의 법률과 행정 배경에 여러분의 요구를 맞출 수 있기 때문이다. 그러나, 국가적 상황을 제외한 다른 측면에서 최선의 실무에 관한 정보를 얻고자 한다면 국제기구를 이용하는 것이 현명하다. 모든 이들을 위하여 정보를 축적하고 있는 국제기구를 통하여 가치 있는 정보를 읽을 수 있기 때문이다.

연습 36

특수도서관을 발전시키기보다는 일반적인 정보에서 시작하여 좋은 입문서나 개론서를 갖춘 도서관을 확보하는 것이 중요하다.

ㄱ~ㅂ

『기록관리 인프라 개발』

책임집필

마이클 쿡(Michael Cook)

쿡은 옥스퍼드 대학교에서 아키비스트 교육을 받고, 영국 데본(Devon) 지방기록보존소와 뉴캐슬 시립기록보존소에서, 또 리버풀 대학교에서 아키비스트로 근무하였다. 그는 현재 리버풀 대학의 선임연구원(Senior Fellow)이다. 그는 아프리카에서도 두 번 근무한 적이 있다. 그는 1964년 탄자니아 국립기록보존소장으로, 이 분야에 대한 최초 입법을 추진하였다. 1975-77년에는 가나 대학교에서 영어를 사용하는 아프리카 국가를 위한 기록관리 훈련 프로그램을 이끌었다. 그는 세계를 돌면서 기록관리 실무의 자문을 담당하였고, 1984-1988년까지 ICA 교육 및 훈련 위원회의 의장으로 활동하였다. 그는 『정보관리와 영구기록 데이터(Information Management and Archival Data)』 등 4권의 기록관리 실무에 관한 교재를 지었으며, 『영구기록 기술 편람(Manual of Archival Description)』의 공저자이기도 하다. 그는 유네스코와 램프(RAMP) 시리즈에 몇몇 기술적인 보고서를 쓰기도 하였다.

집필

앤드류 그리핀(Andrew Griffin)

감수

아쿠자(Harry Akussah), 가나 레곤(Legon) 대학교
배리(Rick Barry), 미국 배리 협회
카아(Venessa Carr), 영국 공립기록보존소(PRO)
힐리(Susan Healey), 영국 공립기록보존소
머레이 라차펠(Rosemary Murray-Lachapelle), 캐나다 국립기록보존소
로즈(Jacqui Rose), 전 영국 공립기록보존소
발피(Richard Valpy), 캐나다 국립기록보존소
월포드(John Walford), 전 영국 공립기록보존소

검증기관

벨리제(Belize) 기록관리청
케냐(Kenya) 국립기록보존소
말라위(Malawi) 국립기록보존소
싱가포르(Singapore) 국립기록보존소
감비아(Gambia) 국립기록보존소
자마이카(Jamaica) 서인도(West Indies) 대학교

기록관리 인프라 개발

옮긴이   하 종 희
감   수   한국국가기록연구원
펴낸이   조 현 수
펴낸곳   도서출판 진리탐구

초판 1쇄 인쇄 2002년 11월 20일
초판 1쇄 발행 2002년 11월 25일

주소   서울시 마포구 용강동 494-53 (121-876)
전화번호   02) 703-6943, 4
전송번호   02) 701-9352

출판등록일   1993년 11월 17일
출판등록번호 제 10-898호

ISBN   89-8485-046-0